novum premium

WINFRID HEINEN

HUMAN SOZIALES MANIFEST

Gesundheit und Vitalität
bis ins hohe Alter

novum premium

Bibliografische Information
der Deutschen Nationalbibliothek:

Die Deutsche Nationalbibliothek verzeichnet diese Publikation in der Deutschen Nationalbibliografie. Detaillierte bibliografische Daten sind im Internet über http://www.d-nb.de abrufbar.

Gedruckt in der Europäischen Union auf umweltfreundlichem, chlor- und säurefrei gebleichtem Papier.

ISBN 978-3-99130-075-5
Lektorat: Mag. Eva Reisinger
Umschlagfotos:
Milovan Radmanovac, Fizkes, Nd3000, Olyakomarova, Lightfieldstudiosprod, Ermilovart83 | Dreamstime.com
Umschlaggestaltung, Layout & Satz:
novum Verlag
Innenabbildungen: Winfrid Heinen

www.novumverlag.com

Climate neutral
Print product
ClimatePartner.com/16547-2201-1002

INHALTSVERZEICHNIS

TEIL III

VORWORT
„KRONE DER SCHÖPFUNG“ – „HOMO SAPIENS SAPIENS“

Die Menschen unserer Zeit bezeichnen sich gern als „Krone der Schöpfung“ oder wissenschaftlich (Paläanthropologie): „Homo Sapiens Sapiens“ („weiser – vernünftiger Mensch“). Ob solche Bezeichnungen im 21. Jahrhundert angemessen sind, darf angesichts unvernünftiger und gefährlicher Ignoranz gegenüber einer – durch überliefertes Wissen und wissenschaftliche Erkenntnisse vielfach bestätigten – Tatsache bezweifelt werden:

Sinnvolle Vorsorge durch die **FORMEL** *E. B. L.* – gute ***E***rnährung, effiziente ***B***ewegung, natürliche ***L***ebensführung – kann Pandemien wie Corona und genauso zahlreiche andere Krankheiten vermeiden, die in Deutschland millionenfach Leid und Tod verursachen.

Zitate von vier Bundespräsidenten

Bundespräsident Dr. Gustav Walter Heinemann nach seinem Amtsantritt 1969:
„Die Zukunft der Jugend ist das Alter.“ – „Jeder Mensch hat die Verpflichtung, tagtäglich in jedem Alter die Zukunft zu gestalten – nicht nur die eigene.“

Bundespräsident Dr. Roman Herzog in seiner „Berliner Rede“ am 26. April 1997:
„Durch Deutschland muss ein Ruck gehen!“

Bundespräsident Dipl. Volkswirt Horst Köhler in seiner Antrittsrede am 23. Mai 2004:
„Warum bekommen wir den Ruck noch immer nicht hin? Weil wir alle noch immer darauf warten, dass er passiert!"

Bundespräsident Dr. Frank-Walter Steinmeier vor dem Bundeskabinett am 14. März 2018:
„Um verlorenes Vertrauen zurückzugewinnen, wird ein schlichter Neuaufguss des Alten nicht genügen. Diese Regierung muss sich neu und anders bewähren!"

Der von Roman Herzog 1977 geforderte Ruck steht noch aus, die Lage der Nation aber verlangt mehr denn je nach einem Neuanfang und Stopp des bequemen „Weiter so". Für dieses Aufraffen zur Problembewältigung braucht es jedoch Kraft und Mut, und darum ist es in Deutschland schlecht bestellt. Dies zu ändern wäre nur möglich, wenn in der Politik und von den Bürgern im Land die Ursache anhaltender Kraftlosigkeit und Mutlosigkeit erkannt und beseitigt wird:

Fehlernährung mit minderwertigen Lebensmitteln ist ein alltäglich genährter Lust- und Energie-Verlust mit der Folge von Leid und Tod. Die Universität Halle-Wittenberg koordinierte Untersuchungen eines deutsch-amerikanischen Forscherteams, bei denen festgestellt wurde, dass Fehlernährung in den Jahren 1990 bis 2016 in Deutschland für 46 % aller Todesfälle mitverantwortlich war.

TEIL I

DIE KLASSISCHE FORMEL *E. B. L.* – GESUNDHEIT UND GLÜCK BIS INS HOHE ALTER

Einsicht der Corona-Krise – plus Skorbut, Pest und Cholera:

Fomel E. B. L. Sicherer Schutz durch gute Ernährung, Bewegung und Lebensführung

Leid und Tod durch Corona-Infektionen haben eine, auch von Politikerinnen und Politikern, häufig verdrängte Erkenntnis bestätigt: Die zunehmende Zahl und Dauer von Krankheiten führt zum Verlust von Selbstwertgefühl, Zuversicht und konstruktiver Tatkraft – mit inhumanen, sozialen, ökonomischen und ökologischen Belastungen. Anzeichen bornierten Beharrens im „alten Trott" des Stückwerks zahlloser Nachsorge-Maßnahmen, die statt Ursachen nur die Symptome gefährlicher Fehlernährung bekämpfen. Ein Verfahren, mit dem bisher nur geringe Erfolge erzielt wurden.

Ende der Engstirnigkeit – Chance einer Wende zum gesundheitlichen Aufstieg?

Statt effizienter Vorsorge durch die Beseitigung von Ursachen, wollen viele Politiker, ungeachtet der Appelle wie „Mut zu neuen Wegen!" und „Kein Weiter so!", offensichtlich auch nach der Corona-Krise mit diesem Nachsorge-Stückwerk weitermachen: So hat z. B. Bundeskanzlerin Angela Merkel gefordert, dass 7,5 Milliarden Euro zur Verfügung gestellt werden sollen, um die Entwicklung von Corona-Impfstoffen zu beschleunigen. Unumgänglich? Wie schon bei Skorbut, Pest und Cholera erkannt, gibt es einen besseren und kostengünstigen Weg, um Massen-Erkrankungen, auch Pandemien, mit wertreichen Lebensmitteln zu vermeiden. Siehe die Kapitel „Die wichtigsten Wirkstoffe gegen Viren-Infektionen sind seit langem bekannt", „Weiße Blutkörperchen besiegen Viren und Bakterien" und „Genuss und Gesundheit auf wissenschaftlich gesicherter Grundlage".

Die Vernachlässigung wirksamer Maßnahmen zur Gesundheitsvorsorge führt nicht nur zu einer wachsenden Belastung der Menschen durch Krankheiten, sondern, in der Summe des individuellen Verlustes körperlicher und geistiger Stabilität, zu einer von Jahr zu Jahr zunehmenden Spaltung der Gesellschaft, die den sozialen Zusammenhalt und Deutschlands Demokratie gefährdet.

Laut Polizei-Statistik hat die Zahl der Straftaten mit politischen Motiven 2019 gegenüber dem Vorjahr um 14,2 % auf 41.000 Delikte zugenommen – und stieg im „Pandemie-Jahr" 2020 weiter an. Bundesministerin Christine Lambrecht (Justiz, Verbraucherschutz, Familie, Frauen, Senioren und Jugend – SPD): „Es ist erschreckend, wie die Corona-Krise zu neuen Formen von Hass und Hetze führt." Siehe Kapitel „Verdrießlichkeit, Politik-Verdrossenheit und destruktives *Dagegen-Sein*".

Die Technische Universität München (TUM) und das Leibnitz Institut für Wirtschaftsforschung (RWI, Essen) ermittelten in einer Umfrage mit mehr als 3.000 Frauen, dass sich die Kontaktbeschränkungen der Corona-Krise auch mit einer Zunahme häuslicher Gewalt gegenüber Frauen und Kindern ausgewirkt haben. Ein weiterer Beweis, dass diese seit Jahrhunderten anhaltende humane Katastrophe auch im 21. Jahrhundert nicht überwunden ist – siehe Kapitel „Die *Wut ablassen* über ein verpfuschtes Leben: Frauen als Opfer psychisch kranker Männer".

Wenn Deutschlands Bürger die Vitalfaktoren *E. B. L.* – gute ***E***rnährung, ***B***ewegung und ***L***ebensführung – beherzigen, gewinnen sie nicht nur Voraussetzungen für persönliches Wohlergehen und soziale Sicherheit, sondern auch für ein menschlich gerechtes Miteinander. Sie stärken Deutschlands Wirtschaftskraft und leisten einen nachhaltigen Beitrag, um das Auseinanderklaffen der Schere zwischen Arm und Reich zu stoppen.

PRO: GANZHEITLICH GESUND

Gewohnte Bequemlichkeit im Denken und Handeln kann auch nach dem Ende der Corona-Krise dazu führen, dass mit dem Seufzer „Endlich vorbei!“ Lehren aus der Pandemie vergessen werden und der Rückfall in Tatenlosigkeit erfolgt. Ein Beispiel für derart bequemes Verdrängen und Vergessen sind Erkenntnisse, die sich vor rund 100 Jahren nach dem furchtbaren Wüten der *SPANISCHEN GRIPPE* ergeben haben. In den drei Wellen dieser Pandemie starben damals mehr Menschen als im Ersten Weltkrieg.

Wissenschaftler weisen darauf hin, dass Viren-Gefahren weiterhin drohen, wenn das Immunsystem bei der Mehrzahl der Menschen nicht durch konsequente Anwendung der FORMEL *E. B. L.* zur Bestform entwickelt wird. Das Robert Koch-Institut (RKI) warnte in einem *Epidemiologischen Bulletin* schon während der Corona-Pandemie im Juni 2020 vor der Gefahr einer Ausbreitung des West-Nil-Fiebers, dessen Infektionen durch den Klimawandel mit hohen Temperaturen in längeren Sommerzeiten begünstigt werden.

Dass gute Ernährung, die mit den Vitalfaktoren effizienter Bewegung und naturnaher Lebensführung verbunden ist (FORMEL *E. B. L.*), mit dem Erstarken des körpereigenen Immunsystems nicht nur vor Viren und Bakterien schützt, sondern vor Krankheiten vieler Art – und zudem einen nachhaltigen Gewinn an Lebensqualität garantiert –, zeigt die Darstellung „Mit der BESTEN-AUSLESE DER NATUR beginnt eine Kausalkette anhaltenden gesundheitlichen Aufstiegs“ im Anschluss des Kapitels „Der Leitsatz für Deutschlands gesunde Zukunft: *Every day for future!*“.

Intakte Körperzellen bilden das Fundament stabiler Gesundheit

Der Mensch verfügt über viele Millionen Körperzellen, die als eigenständiges System über ihre Membranen Stoffe aus dem Kreislauf aufnehmen, diese Substanzen wie eine Chemiefabrik im Mikroformat verarbeiten und die verarbeiteten Stoffe zum Nutzen anderer Zellen abgeben (Zweckverbände).

Gesunde Zellen leben bis zur Zellteilung unterschiedlich lange, z. B. kurzlebige Hautzellen 28 Tage – einige Typen der Körperzellen über 100 Tage. Sie werden danach vom Körper entsorgt (u. a. als Hautschuppen), während die neuen Zellen die Funktion der vorherigen übernehmen.

Gesundheit bedeutet: Die Zellen bleiben intakt, sie können den Rhythmus der Zellteilung weiterhin einhalten und ihre Funktion erfüllen. Krankheit bedeutet: Die Zellen werden negativ verändert oder durch Freie Radikale ganz zerstört und können ihre Funktion zur Gesunderhaltung nicht mehr erfüllen. Siehe Kapitel „Erläuterung wissenschaftlicher Bezeichnungen“.

Die wichtigsten Wirkstoffe gegen Viren-Infektionen sind seit langem bekannt

Während der Corona-Krise werden Millionen privater und öffentlicher Veranstaltungen abgesagt. Freibäder, die zur Gesunderhaltung beitragen, sind monatelang oder, wie das auch von vielen Gästen aus den Niederlanden und Belgien bewunderte „Panoramabad“ auf der Leiwener Zummethöhe über dem Moseltal, während der ganzen Saison geschlossen. Kitas, Schulen, andere Bildungsinstitutionen und Universitäten stellen ihre Tätigkeit ein. Die Jugend ist – in noch höherem Maße als bisher schon durch krankheitsbedingten Unterrichtsausfall – in ihrer Entwicklung gefährdet.

Kontaktverbote, Ausgangssperren, Veranstaltungsabsagen in Kultur und Sport sowie Einschränkungen im Betrieb von Unternehmen führen zu Insolvenzen und bedrohen den allgemeinen Wohlstand. Die Bundesregierung beschließt im März 2020, dass kleinere Betriebe, Selbstständige und Freiberufler Soforthilfen von insgesamt bis zu 50 Milliarden Euro erhalten sollen. Hinzu kommen weitere Milliarden-Aufwendungen für die Rettung großer Unternehmen sowie u. a. für die Aufstockung von Kurzarbeiter-Geld und Arbeitslosenhilfe.

Um eine zweite Corona-Welle zu verhindern, ließ die Bundesregierung eine sogenannte „Corona-Warn-App" erstellen, die zum Schutz gegen Infektionen beitragen soll. Das im Juni 2020 vorgestellte Programm belastet den Bundesrat mit vielen Millionen Euro. Ob diese Millionen-Investitionen von Steuergeldern den angestrebten Nutzen bringen, wurde von Experten und in den Medien vielfach bezweifelt, da auch diese Maßnahme keinen grundlegend sicheren Pandemie-Schutz garantiert.

Maßnahmen, wie präventive Viren-Untersuchungen, verordnete Pharmaka, Quarantänen, Impfungen, Krankenhausaufenthalte, „Corona-Warn-App" und Hygieneregeln, die eine weitere Ausbreitung oder eine zweite Welle der Pandemie verhindern sollen, erweisen sich als medizinisches Stückwerk mit hohem Aufwand und geringer Erfolgsquote. Ein dominierendes Medien-Thema mit zahlreichen Berichten, in denen auch zu lesen ist, dass Corona-Folgen u. a. mit Herz- und Nerven-Erkrankungen, Bewegungsstörungen und Beeinträchtigungen beim Schmecken und Riechen weit über die ursprünglich erkannten Lungen-Schädigungen hinausgehen.

Ein großer Teil der Bevölkerung ist verängstigt und frustriert, weil die Krise, obwohl durch eine Vielzahl von Maßnahmen bekämpft, sehr lange anhält und zunehmende Belastungen verursacht. In Medienbeiträgen wird darauf hingewiesen, dass die Entwicklung spezieller Impfstoffe Jahre dauern kann, da zunächst geeignete Wirkstoffe gefunden und erprobt werden müssen. Im Mai 2020 kündigt Forschungsministerin Anja Karlizek an, dass einige hundert Millionen Euro in eine Impfstoff-Entwicklung gegen das Corona-Virus investiert werden sollen. – Einer Forschungsministerin sollte bekannt sein, dass es eine natürliche, kostengünstige und nachhaltig wirksame Alternative gibt.

Das natürliche Immunsystem als hoch wirksame Alternative zu teurer Medizin

Die Frage, ob es eine andere Möglichkeit gibt, Corona und weitere Infektionen zu verhindern, ist durch Forschung und Praxis beantwortet: Eine naturnahe Lebensführung mit der FORMEL *E. B. L.* stärkt das Immunsystem und bietet so den besten Schutz auch gegen alle Corona-Varianten, andere Viren, Bakterien und viele Krankheiten – ganz ohne Risiken und Nebenwirkungen. Ein Fortschritt, der mit alltäglichem Genuss verbunden ist, mit Fitness und Vitalität sowie in der Kausalfolge guter Ernährung auch mit Umweltschutz durch chemiefreien Anbau heimischer pflanzlicher Lebensmittel und kurze Transportwege mit geringer Luftverschmutzung.

Tatsächlich sind die wichtigsten Wirkstoffe gegen Viren-Infektionen durch Forschungsergebnisse der Immunologie-Wissenschaft seit langem bekannt. Es sind die natürlichen Abwehrstoffe des körpereigenen Immunsystems: Leukozyten, auch als „Weiße Blutkörperchen“ bezeichnet, wie zum Beispiel die Makrophagen („Fresszellen“) der ersten Viren-Abwehrfront. Angesichts dieser wissenschaftlich vielfach belegten Tatsache stellt sich die Frage, ob Steuergelder an der falschen Stelle eingesetzt – und damit vergeudet – werden, wenn es andererseits eine vergleichsweise kostengünstige Möglichkeit gibt, um sicheren Schutz nicht nur gegen Corona zu erzielen, sondern auch gegen viele andere Krankheiten.

Das Wissen der Weisen – Botschaften gegen Unverstand mit tödlichen Folgen

Geachtete Menschen wie Hippokrates von Kos (Arzt um 400 c. Chr.), Hildegard von Bingen (Universalgelehrte 1098–1179), Ludwig Feuerbach (Philosoph und Anthropologe 1804–1872), Sebastian Kneipp (Theologe und Mediziner 1821–1897) und Linus Pauling (zweifacher Nobelpreisträger 1901–1994) haben ihre Zeitgenossen immer wieder ermutigt, die Regeln guter Ernährung als Grundlage stabiler Gesundheit konsequent zu befolgen, um die Dummheit der Fehlernährung mit ihren furchtbaren Nachwirkungen bei Gesundheit und Lebensqualität zu überwinden. Siehe die Kapitel „ORAC-Werte sagen dem Verbraucher, welchen Nutzen Lebensmittel für die Gesundheit haben“ und „Zitate zum dominierenden Themenkreis des Krisen-Jahres 2020“.

Erkenntnis der Humanwissenschaft: Gesundheit wird von drei Vitalfaktoren bestimmt

Die unabdingbare Voraussetzung menschlichen Wohlbefindens ist durch Forschungsergebnisse und Anwendungsstudien der über viele Generationen bewährten **FORMEL** *E. B. L.* belegt:

1. ***Ernährung*** (50–80 % Anteil am Wohlbefinden – beeinflusst die Vitalfaktoren 2 und 3)
2. ***Bewegung*** (bis 30 % Anteil) und
3. ***Lebensführung*** (bis 20 % Anteil).

Zusammengefasst in einem Satz der Humanwissenschaft: *Die Gesundheit unserer Körperzellen ist Voraussetzung zur Vermeidung und Überwindung von Krankheiten, und die Kraft-Stoffe der natürlich wertreichen, klassischen Grundnahrungsmittel sind unabdingbar für die Zellgesundheit.*

Die konsequente Realisierung der bewährten FORMEL *E. B. L.* – gute ***E***rnährung, effiziente ***B***ewegung, natürliche ***L***ebensführung – ist ein Königsweg zum Ziel GESUND & GLÜCKLICH, der weder mit Verzicht und Belastungen noch mit der Gefahr von Risiken und Nebenwirkungen verbunden ist, sondern von Anfang an mit Genuss und überzeugendem Zugewinn bei Fitness und Vitalität.

Skorbut, Pest und Cholera wurden mit Hilfe der klassischen FORMEL *E. B. L.* überwunden

Gute Ernährung hat sich schon bei der Bekämpfung von Skorbut, Pest und Cholera bewährt – siehe die Kapitel „Von Jaques Cartier bis Jack Masquelier – 500 Jahre Kampf gegen die FR-Aggressoren“ und „Genuss und Gesundheit auf wissenschaftlich gesicherter Grundlage“.

Der Leitsatz für Deutschlands gesunde Zukunft: *Every day for future!*

Aktuelle Forschungsergebnisse bestätigen die seit vielen Jahrhunderten bekannte Gesundheitsgrundlage guter Ernährung, mit der nicht nur Fitness und Vitalität erzielt werden, sondern auch vielfältiger Genuss durch die charakteristische Geschmacksintensität natürlicher Nahrung. Entscheidend ist dabei nicht die Wirkung einzelner Stoffe oder sogenannter „Superfoods“, sondern die kumulierende Wirkung von Schutzstoffen und Nährstoffen in der Vielzahl natürlich wertreicher und schmackhafter klassischer Lebensmittel: Wohlergehen und Lebensfreude bis ins hohe Alter – eine Möglichkeit, mit dem vielfach geforderten „MUT ZU NEUEN WEGEN“, Deutschlands gesunde Zukunft in Eigeninitiative zu realisieren.

Schlussfolgerung für den HOMO SAPIENS: *Every day for future!*

„Fridays for future“ – Von Greta Thunberg initiiert sind die Schülerdemos an Freitagen in vielen Ländern zu einem Top-Thema geworden. In kritischen Kommentaren wird die Lust zum Schuleschwänzen bemängelt, vielen Jugendlichen liegt das Thema jedoch sehr am Herzen, geht es doch auch um die eigene gesunde Zukunft. Wobei sich jeder die Frage stellen sollte, wie der eigene Beitrag zum Umweltschutz aussieht, z. B. indem der Schulweg von wenigen Kilometern nicht im Auto der Eltern oder im Bus zurückgelegt wird, sondern zu Fuß oder mit dem Fahrrad. Ebenso wichtig ist die Frage: Bevorzuge ich Massennahrung, deren weltweite Transporte die Umwelt vergiften, oder das Beste aus der eigenen Heimat, frei von umweltbelastender Chemie in Pflanzenschutzmitteln und Bodendüngung – mit kurzem Transportweg und hohem Gesundheitsnutzen?

Große Worte der „GroKo“ – und die großen Taten?

Durch Absichtserklärungen, die mit der Formulierung „Wir wollen ...“ beginnen, erweckte der Koalitionsvertrag der 2018 von CDU/CSU und SPD gebildeten neuen Bundesregierung den Eindruck, dass der vielfach eingeforderte „Mut zu neuen Wegen“ tatsächlich Leitlinie entschlossenen Handelns zum Nutzen der Bürger und einer guten Zukunft Deutschlands sein solle. Unter anderem wollte die Große Koalition *„einen gesundheitserhaltenden und nachhaltigen Lebensstil fördern, ernährungsbedingte Krankheiten bekämpfen und den gesundheitlichen Verbraucherschutz stärken“*.

Eine Absicht, mit der das bisher verdrängte oder beschönigte Übel der Fehlernährung angesprochen ist. Tatsächlich wäre mit der Umkehr von Fehlernährung durch minderwertige und gefährliche Lebensmittel globaler Massenproduktion zurück zu hochwertigen Erzeugnissen einer *„nachhaltigen, familien-*

geführten und regional verwurzelten Landwirtschaft" (Zitat aus dem Koalitionsvertrag) nicht nur der Zuwachs bei Gesundheit, Leistungskraft, Zufriedenheit und Zuversicht der Bevölkerung verbunden, sondern auch die Lösung wirtschaftlicher und sozialer Probleme.

Zahl und Umfang gefährlicher Krisen nehmen zu

Sinnkrise, Glaubenskrise, Demokratiekrise, Lebenskrise – Onlinekrise, Alkohol- und Drogenkrise – Sicherheitskrise – Dieselkrise – Armutskrise, Auseinanderklaffen der Schere zwischen Arm und Reich – Pflegekrise, Krankenhauskrise – Nachwuchskrise, Fachkräftekrise – Umweltkrise, Klimakrise – Bauernhof- und Bäckerei-Sterben ... – Die Häufung der Krisen ist zum Normalzustand geworden.

Die Teufelsspirale des gesundheitlichen und gesellschaftlichen Abstiegs

Physisch und psychisch Abgestiegene sind der Überzeugung verhaftet, dass sie selbst unschuldig sind, wenn Probleme auftreten. Dagegen glauben sie, dass vor allem prominente Mitmenschen verantwortlich für die Schwierigkeiten sind, unter denen sie zu leiden haben – und deswegen hassenswert und anzugreifen.

Stopp für Verdrießlichkeit, Politik-Verdrossenheit und destruktives *Dagegen-Sein* – Start in den Zusammenhalt

Physische und psychische Stabilität ist nicht nur Grundlage individueller Lebensqualität, sondern, wie durch Studien auch in anderen Ländern bestätigt, Voraussetzung friedlichen Zusammenhalts, der eine Spaltung der Gesellschaft und Gefährdung der Demokratie ausschließt. – Ein Negativ-Beispiel:

Der 27 Jahre alte Rechtsextremist Stephan Balliet, der Mörder von Halle, Saale, hasst nach eigenen Angaben Juden, Muslime und Schwarze, obwohl er zu solchen Menschen keinen Kontakt hat.

Am Jom Kippur-Tag, dem höchsten Feiertag der Juden, will er möglichst viele der Synagogen-Besucher töten, scheitert aber an der kräftigen Holztür, die er auch mit Schüssen nicht öffnen kann. „Ersatzweise“ erschießt er zwei andere Personen – und kommentiert sein „Missgeschick“ über Live-Streaming im Internet mit dem Satz: „Einmal Loser, immer Loser.“

Bundespräsident Frank-Walter Steinmeier besuchte die Synagoge in Halle nach der furchtbaren Tat und kommentierte: „Wer jetzt noch einen Funken Verständnis für Rechtsextremismus und Rassenhass zeigt und Gewaltbereitschaft durch das Schüren von Hass und Gewalt gegen Andersdenkende, Andersgläubige oder auch Repräsentanten demokratischer Institutionen fördert oder solches Vorgehen rechtfertigt, der macht sich mitschuldig.“

Bundesinnenminister Horst Seehofer nannte die Tat in Halle eine „Schande für das ganze Land“ und Bundeskanzlerin Merkel forderte, dass der Rechtsstaat „mit allen Mitteln gegen Hass, Gewalt und Menschenfeindlichkeit“ vorgehen müsse – „… und da gibt es keinerlei Toleranz.“

Das Mittel gegen Hass, Gewalt und Menschenfeindlichkeit

Aufgeschlossene, konstruktiv engagierte Bürger mahnen eine Abkehr von Ignoranz, Kurzsichtigkeit und substanzlosem Gerede an, das sich in wohlfeilen Apellen, Forderungen und Diskussionsbeiträgen erschöpft. Sie verlangen von ihren gewählten Volksvertretern, das „Auf-die-lange-Bank-Schieben“ zu beenden und dringend notwendiges Handeln zu beginnen, um wachsende Probleme zu lösen. Siehe Kapitel „bad news – Das *ÜBEL AN DER WURZEL* vieler schlimmer Nachrichten in den Medien“.

Mutlose und meckernde Menschen, die sich in der Opferrolle wähnen, verhalten sich destruktiv. Sie sind überzeugt, dass sie selbst niemals Schuld daran tragen, wenn in ihrem Leben „etwas schiefläuft“, sondern „die anderen, die alles falsch machen“, und deshalb von ihnen zu Recht gehasst werden. Menschen dieser Absteiger-Kategorie schimpfen auf das „Geschwätz der etablierten Politiker“ und glauben lieber dem vorgeblichen Klartext der Demagogen.

Psychologen und Soziologen stellen bei negativ positionierten Verführern und Verführten häufig ein verbindendes Strickmuster fest, das auch bei Regierenden der weltweit wachsenden Pöbel-Allianz zu erkennen ist: Verärgerung im Alltag, Frustration und stete Suche nach Schuldigen, die man für die eigene bedrückte und gereizte Stimmungslage verantwortlich machen kann, um sie dann mit Wut und Hass zu bekämpfen. Eine Entwicklung, die sich in der Corona-Krise verstärkt hat und Thema zahlreicher Pressekommentare wurde – Beispiel Eva Illouz in *DIE ZEIT* vom 18.06.2020 (Auszug eines Berichtes unter der Überschrift „Acht Lehren aus der Pandemie“): „Das Misstrauen gegen den Staat und die Angst vor einem Zusammenbruch dürften aller Voraussicht nach die extremistische Politik stärken, die sich als eine Politik der Rache und Wiedergutmachung inszenieren wird.“

Populisten, Demagogen, Rechtsradikale und „Weimarer Verhältnisse“

Ob wir heute schon, wie vor 1933, „Weimarer Verhältnisse“ haben, wird in der Politik und den Medien diskutiert. Als sicher gilt die Gefahr, dass sich Rechtsradikale wieder negative Entwicklungen zu Nutze machen und den Trend zu Hass und

Gewalt, zu Verleumdungen und Drohungen gegen Politiker, Journalisten, Pädagogen und andere, die sich konstruktiv engagieren, weiter anheizen. Mit dem Ergebnis, dass sich die Gesellschaft immer mehr spaltet und ein harmonisches Miteinander in Gemeinden, Vereinen, auch in Familien, gefährdet ist. Davon sind auch demokratische Werte betroffen und die Zahl der Attentate und Terrorakte nimmt zu.

Immer mehr Deutsche beklagen den Schwund an Kraft und Vitalität, Wohlbefinden und Lebensfreude, ein Verlust, der sich in Privatleben und Beruf negativ auswirkt. Viele sind verunsichert und verängstigt, empfinden sich als ohnmächtige Verlierer in einer Gesellschaft, in der die „Mächtigen" aus Politik und Wirtschaft unter den Aspekten Raffgier und Machtgier „nur an sich selbst" denken. Zahlreiche Bürger verlieren ihre soziale Sicherheit und sind von Armut bedroht – laut Statistischem Bundesamt mehr als 10 Millionen Deutsche. Zuversicht und der Mut, Herausforderungen anzunehmen, um eine bessere Zukunft aufzubauen, schwinden. Die Frage ist also, wie Frustration, Drogensucht, Hass und Gewaltbereitschaft überwunden werden können.

Genussverlust, Werteverlust – Hass, Gewalt und Terror

Verdrießlichkeit, Politik-Verdrossenheit und destruktives *Dagegen-Sein* bedrohen Deutschlands *„inneren Frieden"*. Die konstruktive bürgerliche Mitte der Gesellschaft zerfällt zusehends, während Hass und Bedrohungen im Internet ebenso zunehmen wie der Extremismus und die damit einhergehende politische Zersplitterung. Deutschland steckt tief in einer von Bequemlichkeit und Ignoranz diktierten Phase der Dekadenz, die gesundheitliche und – mit dem Höhepunkt der Corona-Krise – auch erhebliche soziale und wirtschaftliche Probleme verursacht. Zitat Paolo Gentiloni, EU-Kommissar für Wirtschaft und Währung: „Europa erlebt einen wirtschaftlichen Schock, wie wir ihn seit der *Großen Depression* nicht mehr gehabt haben."

Deutschland braucht geradlinige, kluge und tatkräftige Sachwalter in der Politik

In solchen Zeiten braucht das Land geradlinige, kluge und tatkräftige Sachwalter in der Politik, die nicht nur mit wohlfeilen Appellen wie „Mut zu neuen Wegen“ an die Öffentlichkeit treten, sondern tatsächlich mutig handeln und zukunftsfähige Konzepte konsequent realisieren. Die Corona-Krise hat diese Notwendigkeit einmal mehr verdeutlicht – und bietet, wie Skorbut, Pest und Cholera in der Vergangenheit, die Chance, aus den negativen Erfahrungen zu lernen.

Mit dem Ende des Zweiten Weltkrieges wurden auch die Untaten Hitlers und seiner Nazi-Genossen beendet – eine Massierung negativer Erfahrungen in mehr als einem Jahrzehnt. Die daraus zu ziehenden Lehren waren am 8. Mai 2020 in Berlin Generalthema des Staatsaktes zum *Tag der Befreiung*, dem 75. Jahrestag des Kriegsendes, u. a. mit Bundeskanzlerin Angela Merkel und Bundespräsident Frank-Walter Steinmeier.

Eine Herausforderung für Deutschlands Volksparteien – die Chance zum Vertrauensgewinn

Steinmeier ging in seiner Ansprache insbesondere auf den Begriff „Befreiung“ ein und forderte seine Mitbürger auf, die Lehren der Vergangenheit nicht zu verdrängen, sondern Befreiung als fortschreitenden Prozess zu sehen und dazu beizutragen, dass Deutschlands Zukunft frei sei von Hass und Hetze, frei von einem neuen autoritären Nationalismus, von Abschottung und Feindseligkeiten sowie Fremdenfeindlichkeit und Demokratieverachtung.

Ein Leben nach der Formel *E. B. L.* garantiert Erlebnisse, die gute Laune und Lust am Leben vermitteln – Zufriedenheit und Zuversicht, natürliches Genießen und Glücksmomente. Entwicklungen, die mit Multiplikatoren-Wirkung in Familie und Freundeskreis, Firmen und Vereinen beginnen können.

Wenn Führungskräfte der Volksparteien mit dieser bürgernahen Basisinitiative die Wende zum physischen und psychischen Aufstieg vieler Deutscher einleiten, sich damit auch in Sachen Klimarettung als zukunftsorientiert erweisen und ihre Appelle wie „Kein Weiter so!" mit Tatkraft Wirklichkeit werden lassen, profilieren sie sich als glaubwürdig. Das wird von Wählern honoriert und der Niedergang der Volksparteien kann damit in einen Aufstieg gewandelt werden. Ein zukunftsweisender Weg, der zur Stabilisierung der Demokratie beiträgt.

Der FLYNN-EFFEKT und die Nutzanwendung der FORMEL *E. B. L.*

James Robert Flynn, emeritierter Professor der Universität Dunedin, Neuseeland, ist durch seine Analyse von weltweit in 35 Ländern gesammelten Studien zur Intelligenzentwicklung der Menschen bekannt geworden. Seine Erkenntnis, dass der Intelligenzquotient im 20. Jahrhundert über Jahrzehnte von Jahr zu Jahr gestiegen ist, wurde als „FLYNN-EFFEKT" bekannt.

Dass der durchschnittliche Intelligenzgrad Ende der Neunziger Jahre erstmals zurückging und Anfang des 21. Jahrhunderts mehr und mehr der Beschränktheit wich, wird als „UMGEKEHRTER FLYNN-EFFEKT" bezeichnet. Die Folgen des Rückgangs wurden, beginnend mit einer Untersuchung in Norwegen, auch durch Studien in anderen skandinavischen Ländern, in Großbritannien, Österreich, der Schweiz, Australien, Deutschland und schließlich weltweit ermittelt – unter anderem mit diesem Ergebnis: Kinder leiden zunehmend an ADHS (Aufmerksamkeitsdefizitsyndrom). Konzentrations-, Lese- und Lernstörungen wurden bei Menschen aller Altersstufen festgestellt.

Das Übel an der Wurzel des geistigen Abstiegs

Studien, die Auslöser des Intelligenzrückschritts untersuchen sollten, ermittelten eine entscheidende Ursache: Die anhaltende Beschäftigung mit Displays, Monitoren und Bildschirmen führt zu Ablenkungsreizen des Gehirns, die Begriffsgeschwindigkeit und Aufnahmefähigkeit behindern. Nach Einführung von iPhones, die mit „Multi-Touch-Bildschirm" als „benutzerfreundlich" angepriesen wurden, zeigten Hirnforscher der University of California 2008 mit vergleichenden Hirnfotos, dass derartige Ablenkungen in den Nervenzellen des Kopfes regelrechte Nebel auslösen, Verwirrungen, die bei der Aufnahme gedruckter Informationen nicht auftreten.

Fazit: Smartphone-Daddeln und andere Display- und Bildschirmabhängigkeiten, durch die viele Multimedia-Nutzer in Deutschland laut Untersuchungen täglich bis zu fünf Stunden Lebens- und Erlebenszeit verlieren, rauben die Klarheit des Denkens und führen zu einem andauernden Aufmerksamkeitsdefizit.

Wer gut lernen will, muss sich – frei von Ablenkungen – gut konzentrieren können

Vergleichende Tests haben schon vor Jahrzehnten nachgewiesen, dass Wissen durch Lesen gedruckter Texte wesentlich besser aufgenommen wird, als die gleichen Informationen auf Bildschirmen. – Die Grundlage positiver geistiger Entwicklung ist seit Römerzeiten bekannt.

Mit dem alten römischen Grundsatz „Mens sana in corpore sano" („Gesunder Geist in gesundem Körper") ergibt sich eine Kausalfolge, die zum Intelligenzgewinn führt:

1. Physische und psychische Stabilität ist die Voraussetzung geistiger Wachheit, die wiederum gute Konzentrationsfähigkeit und Verarbeitung aufgenommener Informationen bedingt.

2. Gedrucktes wird besser aufgenommen, verarbeitet und verinnerlicht, als Display- oder Bildschirmtext. – Nobelpreisträger Mario Vargas Llosa fasste den ermittelten Nutzen gedruckter Lektüre in vier Worten zusammen: „Ein Motor des Fortschritts."

»Morgen will ich klüger sein als heute – Lernen ist wie Rudern gegen den Strom – hört man damit auf, treibt man ab«

Sätze dieser Art wurden von Dichtern und Denkern als Grundlage menschlicher Weiterentwicklung und Voraussetzung für Lebensglück formuliert. Das 21. Jahrhundert wird dagegen eher von der Leitlinie „Hauptsache billig & bequem!" beherrscht, einer Maxime, die sich bei vielen Menschen mit wachsender körperlicher und geistiger Trägheit entwickelt hat. – Schlussfolgerung:

Die größte Gesundheitsgefahr unserer Zeit ist nicht das Corona-Virus oder ein anderer Krankheitserreger, sondern Ignoranz gegenüber Erkenntnissen der Wissenschaft, die Grundlagen zur Gesundung und Gesunderhaltung durch Eigeninitiative vermitteln. Diese, mit zunehmender Selbstversklavung gegenüber der Diktatur namens BEQUEMLICHKEIT, gewachsene BORNIERTHEIT (Kurzsichtigkeit, Beschränktheit, Engstirnigkeit) wird durch Pseudo-Wahrheiten eines an Verbraucher-Bequemlichkeit und Profit orientierten Gesundheitsmarketings der globalen Pharma-, Nahrungsergänzungs- und Nahrungsmittelindustrie alltäglich genährt.

Eine geistige Behinderung, die im 21. Jahrhundert einen bedrohlichen Gipfelpunkt der Geschichte erreicht hat, wodurch Denken und Handeln vieler Menschen so sehr beeinflusst ist, dass selbst einfache Problemlösungen verhindert werden – nicht nur in der Corona-Krise.

Alle, die politisch, ökonomisch, ökologisch und gesellschaftlich, professionell oder in Ehrenämtern – vor allem im Bildungs- und Gesundheitswesen – Verantwortung tragen, sind gefordert, Ignoranz zu überwinden und Lehren der Vergangenheit sowie aktuelle Erkenntnisse der Wissenschaft unvoreingenommen und lernbereit als Grundlage entschlossenen Handelns zu nutzen:

Nur so ist es möglich, den tatsächlichen Auslöser vieler Probleme – und damit auch das „Übel an der Wurzel" von Viren-Pandemien – nachhaltig zu beseitigen.

Statt „Dschungel der Gesundheitstipps" Klartext-Information mit hoher Effizienz

Die Medizinische Hochschule Hannover hat 2019 ermittelt, dass sich jeder zweite Deutsche in der „Flut der Gesundheitsinformationen" nicht mehr zurechtfinden kann und die Zeitschrift *stern* kommentierte schon 2018: „Im Dschungel der Gesundheitstipps." Während der Corona-Krise wurde Gesundheit im Zusammenhang mit dem Virus Covid-19 zum beherrschenden Medienthema. In einigen Beiträgen war zu lesen, dass gute Ernährung und Bewegung an frischer Luft auch in Pandemie-Zeiten angeraten sind. Die wichtigste Nachricht als Lebens- und Überlebens-Hilfe zur Vermeidung und Überwindung der Infektionen wurde im „Dschungel" der publizistischen Verzettelung jedoch vernachlässigt: Sicherer Schutz durch ein natürlich intaktes Immunsystem.

Rechtzeitige und umfassende Information, wie das naturgegebene Immunsystem in Eigeninitiative auf der Grundlage guter Ernährung mit natürlich wertstoffreichen, unverfälschten Lebensmitteln gestärkt und stabilisiert werden kann, hätte viel Leid und Tod durch Covid-19 vermieden. – Tatsächlich haben Forschungsergebnisse belegt, dass Wissensvermittlung durch die Presse sehr erfolgreich sein kann:

Wie gute Information am besten aufgenommen wird, ermittelten europäische Leseforscher durch die Auswertung von Studien mit 170.000 Teilnehmern in 30 Ländern – Erkenntnis: Gedruckte Information wird wesentlich besser aufgenommen, verarbeitet und verinnerlicht, als Display- oder Bildschirmtext.

Selbstmord auf Raten mit Messer und Gabel

Eine Herausforderung für den anspruchsvollen Teil der deutschen Printpresse, um publizistischer Verantwortung gerecht zu werden. Die Corona-Pandemie hat bewiesen, dass es in solchen Zeiten mehr denn je darauf ankommt, den grundlegenden Zusammenhang von ganzheitlicher Gesundheitsvorsorge und anhaltendem Wohlbefinden mit Klartext deutlich und begreiflich zu machen. Durch unverblümte Information zu Folgen und Spätfolgen der Fehlernährung sollten Leserinnen und Leser erkennen, dass Fehlernährung so etwas wie ein „Selbstmord auf Raten mit Messer und Gabel" ist, wenn die schlechte Ernährung jahrelang fortgeführt und damit auch die Voraussetzung ausreichender Bewegung und naturnaher Lebensführung vernachlässigt wird.

Das Bemühen, möglichst sensationelle Informationen anzubieten, verführt offenbar dazu, „bad news" wie Berichte über Unglücke, Krisen, Gefahren, Leid und Tod zu veröffentlichen. Dass zudem Bedenken bezüglich des Anzeigenumsatzes durch Großkunden der Pharma- und Nahrungsmittelindustrie die Verbreitung grundlegenden Gesundheitswissens verhindern, darf vermutet werden. Da wird zum Beispiel über neue Entwicklungen in der Schmerzmittel-Forschung berichtet, aber nicht erwähnt, dass die massenhafte Verschreibung von Schmerzmitteln mit einem Anstieg der Risiken und Nebenwirkungen wie Nervenkrankheiten und Suchtgefahren verbunden ist. Ein anderes Beispiel journalistischer Halbwahrheiten beim Thema „Gesundheit“ ist die umfangreiche Berichterstattung über Alzheimer-Demenz mit einem neuen „Screening“, das per Bluttest Eiweißpartikel nachweist, die eine Früherkennung von Alzheimer möglich machen sollen. In vielen Berichten wurde unter anderem auf Schlafmangel als Ursache der Krankheit hingewiesen, nicht jedoch auf Studien, die nachweisen, dass Demenz durch gute Ernährung verhindert werden kann.

Das Ende der „fake news“ ist gefordert – nicht nur in Sachen Gesundheit

Angesichts der Überflutung durch Falschmeldungen, die manipulierend im Internet verbreitet werden und Hass, Gewaltbereitschaft sowie gesellschaftliche Spaltung verursachen, ist geradliniger Journalismus relevant für einen sicheren Weg in Deutschlands gute Zukunft. Das gilt in besonderem Maße für stabile Gesundheit, die laut Umfragen höchstes Lebensglück der Deutschen ist.

Wenn die Medien ihrer Aufgabe als Kontroll- und Aufklärungsinstanz gerecht werden wollen, sollten sie sich in Gesundheitsfragen nicht in einer endlosen Folge von Tipps verlieren, sondern die gesundheitliche Gesamtschau guter Ernährung mit unverfälschten, von Natur aus hochwertigen Lebensmitteln als solides Fundament für stabile Gesundheit, Lebensqualität und soziale Sicherheit kommunizieren. Das wäre die Wende in einem Bereich seriöser meinungsbildender Berichterstattung, die offensichtlich dringend notwendig ist.

Gesundheitliche Aufklärung mit „good news“ und Klartext

Die Massierung schlechter Nachrichten fördert Stresssymptome, die zu negativen körperlichen Reaktionen wie Bauchweh oder Bluthochdruck führen und körpereigene Abwehrkräfte behindern. Zuversicht auslösende gute Nachrichten können als

„Medienhygiene" eines verantwortungsvollen Journalismus das Gegenteil bewirken. Gut recherchierte und wissenschaftlich abgesicherte „good news" also: Information, Motivation und Anleitung, wie Immunsystem und Selbstheilungskräfte als verlässliches Bollwerk gegen Viren, Bakterien und weitere Gesundheitsgefahren durch die Beachtung der bewährten FORMEL *E. B. L.* alltäglich gestärkt werden.

Weiße Blutkörperchen besiegen Viren und Bakterien

Wissenschaftler, Mediziner und Journalisten konnten bei einem Immunologie-Kongress in Düsseldorf schon in den Sechziger Jahren des 19. Jahrhunderts bewundern, wie die Makrophagen („Fresszellen") eines intakten Immunsystems eingedrungene Viren vernichteten. Mit der Aufnahmetechnik der Elektronenrasterfotografie zeigte ein Film auf der 28-Meter-Leinwand des Cinerama-Europa-Palastes, wie diese auch „Immunozythen" genannten Weißen Blutkörperchen Infektionen schnell und sicher verhinderten.

Die Kongress-Teilnehmer wurden über die Vielzahl der Blutkörperchen-Strukturen informiert: Ein natürlicher Schutz, der sich in der Evolution entwickelt hat und mit seinen vielfältigen Funktionen nicht nur Infektionen durch Viren und Bakterien verhindert, sondern auch gegen Einzeller, Würmer, andere körperfremde Partikel wie Schimmelpilzgifte in minderwertiger Nahrung sowie Krebszellen wirksam werden kann.

In einem Teil der Presseberichte wurde zwar die, von dieser überzeugenden Vorführung auf der Riesenleinwand ausgelöste, Begeisterung der Journalisten deutlich, jedoch nicht erwähnt, dass gute Ernährung grundlegende Voraussetzung für ein intaktes Immunsystem ist. Tatsächlich war ja andauernde Fehlernährung damals eher selten. – Angesichts Corona, anderer Krankheitsprobleme und der umfassenden Fehlernährung des 21. Jahrhunderts sollten aktuelle Medienbeiträge diese Gefahr für das Immunsystem unbedingt erläutern – auch unter dem Gesichtspunkt zunehmender Krankenhausinfektionen, die laut Robert Koch-Institut zu mehr Todesfällen führen als Unglücke im Straßenverkehr. Verursacher sind u. a. multiresistente Erreger, deren Entwicklung durch Antibiotika-Aufnahme gefördert wird.

„So viel Wissen über unser Nichtwissen und den Zwang, unter Unsicherheit handeln und leben zu müssen, gab es noch nie.“

Barack Obama, Jürgen Habermas und Frank-Walter Steinmeier zu Pandemie-Problemen

Anlässlich einer Schul-Abschlussfeier im Mai 2020 fasste Barack Obama das Ergebnis seiner Beobachtungen der Corona-Reaktionen in der US-Politik zusammen:

„Diese Pandemie hat vor allem unsere Überzeugung zerstört, dass die Menschen, die in der Verantwortung stehen, wissen, was sie tun.“

Jürgen Habermas, Jahrgang 1929, erfolgreicher Buchautor und einer der bedeutendsten Philosophen Deutschlands, kommentierte im April 2020 die Unsicherheit, die durch Corona in zahllosen Aufrufen, Stellungnahmen und Medienbeiträgen erkennbar wurde. – Zitat aus einem Interview mit der *Frankfurter Rundschau*: „So viel Wissen über unser Nichtwissen und den Zwang, unter Unsicherheit handeln und leben zu müssen, gab es noch nie.“

Ein Kernsatz, der einige Journalisten dazu angeregt hat, an die großen Denker der Antike wie Sokrates und seinen Schüler Platon zu erinnern – zum Beispiel mit einem Satz, der Sokrates zugeschrieben wird: „Wir wissen, dass wir nichts wissen." Ein vielfach interpretierter und auch heute noch gern gebrauchter Spruch, der im Zusammenhang mit der Corona-Pandemie an Bedeutung gewonnen hat.

Bundespräsident Frank-Walter Steinmeier formulierte das brisante Thema „Geradestehen für übernommene Verantwortung oder sich ihr entziehen" am 16. November 2017 in einem Kernsatz:

„Wer sich in Wahlen um politische Verantwortung bewirbt, der darf sich nicht drücken, wenn man sie in den Händen hält."

Modifiziert für den Problemkreis GESUNDHEITSMISERE DURCH PANDEMIE: „Politiker, die angesichts dieser Herausforderung zu bequem oder zu feige sind, um das Übel bei der Wurzel einer seit Jahren zunehmenden Fehlernährung zu packen, offenbaren sich als kurzsichtige und verantwortungslose Politbetrieb-Funktionäre, die sich vor einer konsequenten Reform der Gesundheitspolitik drücken."

Der Wissenschaft fehlen finanzielle Mittel zur Wissensvermittlung

Der Nutzen eines naturnahen Lebens mit der FORMEL *E. B. L.* wurde durch überliefertes Wissen (Empirie) und neuere Studienergebnisse der Wissenschaft vielfach belegt. Da der Forschung für die Kommunikation dieser Fakten nur geringe finanzielle Mittel zur Verfügung stehen, sind die Verbraucher über solche Erkenntnisse wenig informiert. Dagegen verfügt die Gesundheitsindustrie als Deutschlands größter Wirtschaftsbereich über Marketing-Milliarden, die alljährlich für Produktwerbung und Öffentlichkeitsarbeit eingesetzt werden, um Profite zu sichern – häufig mit Werbeaussagen verbunden, die Verbrauchern suggerieren, dass sie Gesundheit und Wohlergehen mit den beworbenen Produkten geradezu herbeizaubern können. – Beispiele von Slogans:

„Retten Sie Ihr Liebesleben“ – „Spezielle Mikro-Nährstoffe für ein gesundes Nervensystem“ – „Tabletten für mehr Lebensqualität“ – „Geballte Naturkraft in Kapselform“. Werbung für Gesundheitsprodukte belegt in der Printpresse zahlreiche Anzeigenseiten. – Kein Wunder, dass der Blick auf natürliche Gesunderhaltung in Eigeninitiative nachhaltig abgelenkt ist.

Von Jaques Cartier bis Jack Masquelier – 500 Jahre Kampf gegen die FR-Aggressoren

Dass selbst Berühmtheiten, die zu ihrer Zeit als Entdecker und Pioniere verehrt wurden, zunächst an der Ignoranz ihrer Zeitgenossen scheiterten, offenbart die Geschichte des Skorbut, einer durch Ernährungsmangel ausgelösten Krankheit, die weltweit zum Tod vieler Millionen Menschen führte und schließlich doch überwunden werden konnte. Ein Lehrstück für die Bewältigung von Massenerkrankungen in unserer Zeit.

Jaques Cartier, 1491 in einem Dorf der Bretagne geboren, wurde als Entdecker und durch seinen Leitsatz berühmt: „Die Angst schwindet, sobald die Segel gehisst sind.“ Cartiers Kühnheit ist legendär, und den Ruf als Seeheld durfte er schon zu Lebzeiten genießen. Seine bedeutendste Entdeckung wurde jedoch durch Überheblichkeit und Dummenstolz verantwortlicher Zeitgenossen ignoriert:

Das von ihm erprobte und dokumentierte Mittel kanadischer Indianer gegen Skorbut hätte Millionen Menschen vor einem qualvollen Tod bewahren können. Die heilende und schützende Substanz im Trank der Huronen ist heute als „OPC“ bekannt.

1535 erkundet Cartier mit drei Schiffen den St. Lorenz-Strom. Es ist seine zweite Reise an die Küsten des heutigen Kanadas. Mit an Bord *Domagya* und *Taignoagy*, Söhne des Huronen-Häuptlings *Donnacona*, die Cartier im Vorjahr auf seiner Reise zurück nach Frankreich begleitet hatten. Cartier ist wieder im Auftrag der französischen Krone unterwegs und dokumentiert seine Reiseerlebnisse im Logbuch. Ein Glücksfall für die Wissenschaft, denn so wurde die damals als wundersam geltende Rettung der Mission überliefert:

Die Expedition wird vom Winter überrascht, der Fluss friert zu und die Schiffe sitzen für Monate fest. Die Mannschaften leiden unter einer Krankheit, die Millionen Menschen jener Zeit dahinsiechen und elend sterben ließ – an Land in den Elendszeiten harter Winter, wenn es keine pflanzliche Nahrung mehr gab, vor allem aber auf langen Seereisen. Die Krankheit wurde nach einem ihrer Merkmale in Deutschland als „Scharbock" („wunder Mund"), später als Skorbut bezeichnet.

Rettung durch die Indianer mit dem Aufguss einer Pinienrinde

Viele Matrosen sterben, doch dann kommt Rettung durch die mit Cartier befreundeten Indianer. Die kennen typische Erscheinungen dieser Krankheit aus entbehrungsreichen Wintern. Sie versorgen die Matrosen mit ihrem Gegenmittel, dem Aufguss einer Pinienrinde – und die Kranken genesen.

Eine Straße und eine Brücke in Montreal, ein Berg und ein Nationalpark bei Quebec und eine Rose wurden später nach Cartier benannt; das von ihm verwendete Mittel gegen Skorbut geriet jedoch schnell in Vergessenheit. Offenbar waren die etablierten Mediziner jener Zeit zu engstirnig, um anzuerkennen, dass „Wilde" mit einem simplen Trank erreichten, was ihnen bis dahin nicht gelungen war. Tatsächlich hatten die Eingeborenen eine Substanz entdeckt, von der man heute weiß, dass sie zu den hoch antioxidativ wirkenden „Sekundären Pflanzenstoffen" gehört.

Dank der Forschungsarbeiten von Nobelpreis-Kandidat Prof. Jack Arthur Masquelier (Bordeaux, 1922–2009) ist dieser Stoff als **O**ligomeres **Pro****C**yanidin (OPC) bekannt, eine Substanz, die in vielen Pflanzen und Früchten vorkommt, in außergewöhnlich hoher Konzentration in Weintraubenkernen der alten Sorten wie Riesling und Burgunder. In Laborvergleichen mit den Vitaminen C und E erwies sich das antioxidative Potenzial, also die bei der Neutralisierung der Freien Radikale potenziell wirksame Kraft von OPC, als 18mal bzw. 50mal stärker.

Ein Lehrsatz der Antioxidantien-Forscher: *„Gemeinsam sind sie stark!"*

Vitamin C-Mangel wird gelegentlich auch heute noch als Auslöser von Skorbut bezeichnet. Die „Ascorbinsäure", wie Vitamin C in Anlehnung an die „Anti-Skorbut-Wirkung" genannt wurde, ist beim Kollagen-Aufbau wirksam – und damit u. a. für gesunde Haut, Knochen, Zähne und Sehnen. Ein positiver Einfluss auf dieses wichtige Strukturprotein ist jedoch auch bei anderen Antioxidantien und vor allem im Zusammenwirken verschiedener Antioxidantien-Arten nachgewiesen: Sekundäre Pflanzenstoffe und Vitamine, die wir in ausreichender Menge über die Nahrung aufnehmen können, ergänzen und verstärken ihre Wirkung als „Teamplayer" oder „Netzwerker". – In einem Lehrsatz der Antioxidantien-Forschung: „Gemeinsam sind sie stark!"

Von daher ist Skorbut grundsätzlich ein Defizit an Antioxidantien, also „Oxidativer Stress", eine Erkenntnis, die der englische Armeearzt Dr. James Lind schon im 18. Jahrhundert durch Ernährungstests und Anwendungsbeobachtungen bei an Skorbut erkrankten Seeleuten gewann. Er hatte seine Probanden mit Zitronen, Orangen, Apfelwein, Sauerkraut, Brunnenkresse, Senfsamen, Essig, frischen Kartoffeln und Kräutern ernähren lassen. Nach diesen In-Vivo-Studien veröffentlichte er 1762 seine Empfehlungen zur Heilung und Vermeidung von Skorbut durch den Verzehr wertreicher Lebensmittel.

James Cook nannte seine Anti-Skorbut-Entdeckung „Teebaum"

Dem Entdecker James Cook waren die Erkenntnisse des Dr. Lind bekannt, als er 1770 die Meere und Küsten des fünften Kontinents erforschte. Er lernte bei einer Expedition im Inland Australiens durch Aborigines eine weitere Möglichkeit kennen, Skorbut schon im Anfangsstadium zu bekämpfen. Die Eingeborenen tranken einen Sud, den sie aus Blättern und Rinden eines aromatisch duftenden Baumes gewannen. Da einige Matrosen unter Hautkrankheiten litten, die als Skorbut-Erkrankung bekannt waren, setzte Cook den Sud als Heilmittel ein. Erfolgreich. Wie mehr als zwei Jahrhunderte vor ihm Cartier, hatte der englische Seefahrer die Wirkung starker Antioxidantien aus der Großfamilie Sekundärer Pflanzenstoffe erfahren. Er nannte das Gebräu „Pflanzentee" und den Baum „Teebaum". *Melaleuca Alternifolia*, so der wissenschaftliche Name des buschigen immergrünen Bäumchens aus der Familie der Myrtengewächse, ist in unserer Zeit eher als Lieferant des Teebaumöles bekannt.

Ein Arzt der britischen East India Company hatte schon um 1600 Zitrusfrüchte gegen Skorbut empfohlen. Wie vor ihm der französische Seefahrer Jaques Cartier 1536 durch Indianer in Kanada und später der britische Arzt Dr. James Lind 1762 durch Tests mit Matrosen sowie der weltberühmte Entdecker James Cook 1772 durch Eingeborene des fünften Kontinents, hatte er entdeckt, dass wertreiche Lebensmittel der beste Schutz gegen Skorbut sind. Sie alle stießen zunächst auf Unglauben, Überheblichkeit und Dummenstolz. Das änderte sich erst, als Gilbert Blane 1794 mit seiner „Suffolk" nach Indien segelte und der Mannschaft 23 Wochen lang jeden Tag Zitronensaft verabreichte. Es gab keinen schweren Fall von Skorbut, und das überzeugte die englische Admiralität. Die befahl 1795, dass alle Kriegsschiffe solchen Saft mitzuführen hatten.

„Hauptsache billig und bequem“ ist für zwei Drittel aller Todesfälle mitverantwortlich

Mit den überzeugenden Erfahrungen berühmter Zeitgenossen wie Cartier und Cook hätte Skorbut sofort und endgültig besiegt werden können. Die Unbelehrbarkeit zahlreicher Entscheidungsträger führte jedoch dazu, dass weiterhin hunderttausende Seeleute an Skorbut starben.

Im 21. Jahrhundert ist Skorbut weitgehend besiegt, aber Mangelernährung und chemisch belastete Nahrungsmittel verursachen heute zahlreiche andere Krankheiten wie zum Beispiel Allergien, Diabetes und Herz-Kreislauf-Leiden sowie Demenz und Krebs. Eingeschliffene schlechte Ernährungsgewohnheiten der Devise „Hauptsache billig und bequem!“ verhindern Gesundung und Gesunderhaltung. Die Tageszeitung *DIE WELT* kommentierte Studien-Auswertungen in einer Überschrift: „Für zwei Drittel aller Todesfälle ist eine ungesunde Ernährung mitverantwortlich.“

Oxidativer Stress ist eine gesundheitliche Geißel des 21. Jahrhunderts

Landläufig gelten Viren und Bakterien als häufigste Ursache von Krankheiten. Tatsächlich aber hat die Wissenschaft eine andere Stoffgruppe als wesentlich gefährlicher für die Gesundheit erkannt: Freie Radikale. Die Belastung durch diese aggressiven Molekül-Fragmente hat in den vergangenen Jahrzehnten stark zugenommen – u. a. durch Stressfaktoren, Rauchen, Umweltverschmutzung sowie Chemie in Arzneimitteln und Nahrung. Gleichzeitig verursacht die schleichende Denaturierung der Lebensmittel mit signifikanten Wertstoffverlusten einen zunehmenden Mangel der Verteidiger gegen Freie Radikale: Antioxidantien, die auch als „Radikalenfänger" bezeichnet werden.

Antioxidantien sind die zuverlässigen Verteidiger gegen aggressive Freie Radikale

„Moderne" Lebensmittel verfügen häufig nur über einen Bruchteil der Schutzstoffe, die klassische Lebensmittel von Natur aus besitzen. Für die Ernährung aller Altersgruppen gilt, dass bestimmte chemische Zusätze in Lebensmitteln die Zerstörung der Körperzellen durch Freie Radikale verstärken, eine Überbelastung, die wissenschaftlich als „Oxidativer Stress" oder umgangssprachlich als „Oxistress" bezeichnet wird. Eine Gefahr, der junge Menschen mit großem Appetit und umfangreicher Aufnahme wertstoffarmer und chemieverseuchter „moderner Nahrung" besonders ausgeliefert sind. Gleiches gilt für „Schnäppchenjäger" und „Ugly Eaters", die bevorzugt global erzeugte Massennahrungsmittel der Kategorien „Fastfood", „Convenience Food" oder „Super-Billig-Angebot" verzehren.

Genuss und Gesundheit auf wissenschaftlich gesicherter Grundlage

Vital- und Schutzstoffe hochwertiger Lebensmittel waren Kernthemen der interdisziplinären Wissenschaftskongresse 2002, 2004 und 2006 in Trittenheim an der Mosel. 2004 fassten die Referenten (renommierte Forscher und Mediziner) ihre Erkenntnisse in einem Abschluss-Kommuniqué zusammen (Auszug):

„Zur nachhaltigen Gesunderhaltung wird uneingeschränkt die genussreiche Aufnahme hochwertiger Lebensmittel empfohlen, die reich sind an natürlichen Antioxidantien – insbesondere Obst und Gemüse im Rahmen einer ausgewogenen Ernährung. Die gesundheitlich positiven Wirkzusammenhänge zwischen Freien Radikalen und den Antioxidantien aus solcher Nahrung sind ausreichend belegt."

Dass Krankheiten durch Ernährung mit hochwertigen Lebensmitteln vermieden und besiegt werden können, ist Ergebnis zahlreicher Studien der Humanwissenschaft. Entsprechend lauten Empfehlungen der deutschen, österreichischen und schweizerischen Gesellschaften für Ernährung DGE, ÖGE und SGE.

ORAC-Werte sagen dem Verbraucher, welchen Nutzen Lebensmittel für die Gesundheit haben

Die Summe der Antioxidantien in einem Lebensmittel kann nach verschiedenen Verfahren ermittelt werden. In Deutschland ist das „Elektrochemische Gesamtpotenzial" nach Prof. Manfred Hoffmann und Dipl. Phys. Bert Staller bekannt geworden, international durch die FRAP-Forschung und die Bemessung in ORAC-Werten. Letztere werden in vielen Ländern als Standard für die Bewertung von Lebensmitteln eingesetzt.

ORAC steht für **O**xygen **R**adical **A**bsorption **C**apacity, die Fähigkeit einer Substanz, Freie Radikale zu neutralisieren. ORAC-Werte sagen dem Verbraucher, welchen Nutzen ein Lebensmittel für seine Gesundheit haben kann. Sie geben die Summe aller antioxidativ wirksamen Substanzen an:

Die ORAC-Bestenliste hochwertiger Lebensmittel – Eine Auswahl für Deutschland

Der nachstehende Auszug der von US-Instituten zusammengestellten ORAC-Liste enthält Gewürze und Pflanzennahrungsmittel mit hohem Antioxidantien-Wertstoffgehalt, die auch in

Deutschland gedeihen. Das den US-Forschern zur Zeit der Listen-Erstellung nicht bekannte, als Zutat von Backwaren und vielen anderen Speisen geeignete, Traubenkernmehl wurde von der Traubenkern-Mühle VITIS AG nach Analysen durch das deutsche Tochterunternehmen der *International Research Association for Free Radical Activities and Oxidative Stress* in die von VITIS erstellte Auswahlliste eingefügt.

Die Lebensmittel sind in Gruppen entsprechend der Reihenfolge ihres ORAC-Gehaltes geordnet. Wobei zu berücksichtigen ist, dass man verschiedene Grundnahrungsmittel in ungleich größeren Mengen zu sich nimmt als Gewürze – und z. B. Vollkornbrot mit Traubenkernmehl einen sehr hohen ORAC-Wert hat. Diese auf die Ernährungspraxis orientierte Betrachtung relativiert die Bedeutung der Listenposition, sagt aber auch, dass natürliche Speisen mit natürlichen Gewürzen eine wertstoffreiche Ernährung optimal unterstützen.

Das Gesamtpotenzial der Antioxidantien wird in der ORAC-Bewertung nach einem international gültigen Standard gemessen, der sich an der antioxidativen Stärke eines standardisierten Vitamin E-Erzeugnisses namens „Trolox" orientiert: ***T**rolox **E**quivalent **A**ntioxidative **C**apacity* (**TE** – **TEAC**) lautet die Fachbezeichnung der Ernährungswissenschaft. – In der nachstehenden Liste bedeutet *Total-ORAC in µmol TE/100* g demnach: Gesamt-Antioxidativ-Potenzial angegeben in tausendstel *Mikromol* (Millionstel Mol) je 100 g Lebensmittelgewicht. Mol ist eine international verwendete Maßeinheit für die Stoffmenge – Moleküle, Atome in einer Substanz.

ORAC-Werte über 100.000 (Total-ORAC in µmol TE/100 g)
Oregano/Wilder Majoran getrocknet – Rosmarin getrocknet – Thymian getrocknet – Traubenkernmehl

ORAC-Werte über 50.000 (Total-ORAC in µmol TE/100 g)
Hagebutte – Basilikum getrocknet

ORAC-Werte über 20.000 (Total-ORAC in µmol TE/100 g)
Salbei frisch – Senfkörner – Thymian frisch – Majoran frisch – Paprika

ORAC-Werte über 10.000 (Total-ORAC in µmol TE/100 g)
Pfeffer – Holunderbeeren – Estragon frisch – Pfefferminze frisch – Walnüsse

ORAC-Werte über 5.000 (Total-ORAC in µmol TE/100 g)
Haselnüsse – Heidelbeeren – schwarze Johannisbeeren – dunkle Bohnen – Pflaumen – Zitronenmelisse – Brombeeren – Koriander-Blätter – Basilikum – Dill – Äpfel – Himbeeren

ORAC-Werte über/um 2.000 (Total-ORAC in µmol TE/100 g)
Erdbeeren – Stachelbeeren – Rotkohl gekocht – roter Salat – Blumenkohl frisch – Birnen – Kartoffeln mit Schale gebraten – Wirsing gekocht – Vollkornbrot aus Urgetreide – Mangold – Rauke (Rucola) – rote Weintrauben – Radieschen – Spinat – Spargel gekocht – Grüner Salat – Kopfsalat – Broccoli – Zwiebeln – Petersilie

Forschungsergebnisse zur Ernährung mit dem höchsten Schutz für die Körperzellen

Berkeley University 2002: „Wissenschaftler forschen weltweit nach Lebensmitteln höchster Qualität mit dem höchsten Schutz für unsere Körperzellen."

Berkeley University 2007: „Pflanzennahrungsmittel enthalten tausende von **Antioxidantien**, die dazu beitragen, dass **Freie Radikale**, die unsere Körperzellen schädigen und chronische Krankheiten begünstigen, deaktiviert werden."

Empfehlungen der Gesellschaften für Ernährung Deutschland, Österreich, Schweiz (DGE, ÖGE, SGE)

DGE 2008: „Die Ergebnisse der neuen Studien bestärken bisherige Einschätzungen, dass Sekundäre Pflanzenstoffe [z. T. Antioxidantien] bzw. pflanzliche Lebensmittel das Risiko für die Entstehung verschiedener Krankheiten senken können."

DGE: „Obst und Gemüse liefern reichlich Sekundäre Pflanzenstoffe [z. T. Antioxidantien] und fördern die Gesundheit."

ÖGE – Die dritte der 10 Regeln: „Durch Gemüse und Obst werden Sie reichlich mit Vitaminen [z. T. Antioxidantien], Mineralstoffen [z. T. Antioxidantien] sowie Ballaststoffen und Sekundären Pflanzenstoffen [z. T. Antioxidantien], Carotinoiden, Flavonoiden [Antioxidantien] versorgt. – Das Beste, was Sie für Ihre Gesundheit tun können!"

SGE zur optimalen Ernährung: „Nahrungsmittel bevorzugen, die reich an Antioxidantien sind."

Durchdachte und gerechte Agrarförderung – Nachhaltiger Nutzen für Natur und Gesundheit

Der aktuelle Verbrauchertrend zu besserer Ernährung spricht dafür, dass die Mehrheit der Deutschen bereit ist, Fehlernährung künftig zu vermeiden, um endlich ganz gesund zu sein – siehe Kapitel „Obst und Gemüse aus der Heimat oder *Superfoods* von irgendwo?".

Damit ergibt sich auch für die Agrarpolitik Handlungsbedarf. Ein erster Schritt, um Gefahren für Gesundheit und Umwelt zu begegnen, ist die Einstellung von Subventionszahlungen an die Agrarindustrie. Die Bereitschaft zu solchen, letztlich von den Steuerzahlern bezahlten, Geschenken ist wohl auch auf den Irrglauben zurückzuführen, dass Agrargroßbetriebe zum Erhalt der Landwirtschaft beitragen. Wie die Entwicklung der vergangenen Jahre zeigt, ist das Gegenteil eingetreten:

Das Bauernsterben hielt an, Felder und Wiesen sind durch Gifteintrag und mangelnde natürliche Bodenpflege verkommen. Der im Grundsatzpapier der großen Koalition festgeschriebene Erhalt der Artenvielfalt ist durch die Agrarindustrie ins Gegenteil verkehrt worden. Am Beispiel Apfel: Während vor 150 Jahren allein in Deutschland rund 2.000 Sorten angebaut wurden, dominieren heute nur wenige Sorten den größten Teil der Anbaufläche in den Plantagen und die Regale der Supermärkte – Apfelarten, die fast alle den gleichen Züchtungs-Ursprung haben.

Schlussfolgerungen der Wissenschaft und die globale Täuschung industrieller Nahrungsmittelerzeugung

Das Verkümmern natürlicher Vielfalt gilt nicht nur für Äpfel. Die Deutsche Akademie der Naturforscher Leopoldina mit Sitz in Halle (Saale) fasst aktuelle Erkenntnisse zusammen:

„Für etwa 80 % der Abnahme globaler Biodiversität werden der Landnutzungswandel und die intensive agrarische Nutzung verantwortlich gemacht.“

Es gibt zwei Argumente für global erzeugte Massenware, die beide auf Irrtümern oder bewusst auf profitorientierten Kommunikationskonzepten beruhen:

Erstes Argument: Nur die Agrarindustrie kann durch Lebensmittelerzeugung auf industrieller und chemiegestützter Grundlage für ein ausreichendes Nahrungsmittelangebot sorgen, um den Hunger in der Welt zu bekämpfen.

Zweites Argument: Nur die Agrarindustrie erzeugt kostenniedrige Lebensmittel, die sich die Mehrheit der Verbraucher leisten kann.

In Wirklichkeit sind Nahrungsmittel-Schnäppchen teurer als scheinbar hochpreisige, sorgsam erzeugte Lebensmittel der klassischen BESTEN-AUSLESE DER NATUR. Minderwertige Billigware enthält wenig Wertstoffe, aber hohe Anteile an Substanzen, die auf der Waage zwar Gewicht, in der Ernährung aber nur geringe, gar keine oder negative Bedeutung haben. Bekannte Beispiele sind die „Wassertomate“ und das aktuelle Apfelangebot hartschaliger, meist unreif geernteter Früchte, bei deren Züchtung prächtiges Aussehen, Süße-Eindruck und Haltbarkeit auf langen Transportwegen, lange Lagerzeiten im Supermarktregal und niedriger Preis im Vordergrund stehen, nicht aber Wertstoffgehalt und charakteristischer Wohlgeschmack. Siehe die Kapitel „Pralle Tomaten für die Tonne? – Zurück zu wertvollen alten Sorten!“ und „Evas Apfel und die Besten-Auslese der Natur – Könige im Pflanzenreich“.

„An apple a day keeps the doctor away“

Die Erkenntnis, warum alte Sorten den Neuzüchtungen überlegen sind, ist nicht neu: Pflanzen, die in der Evolution freier Natur die natürliche Selektion im Überlebenskampf ihrer Art siegreich bestanden haben, mussten sich einen starken Schutz gegen natürliche Feinde zulegen. Genau dieses Potenzial dient auch dem Menschen, dessen Evolution sich parallel zur Entwicklung seiner Umwelt und mit seiner Nahrung entwickelte. Dass der Apfel schon bei Adam und Eva vorkommt und mit dem nachfolgend zitierten klassischen britischen Spruch ausgezeichnet wurde, ist kein Zufall: „An apple a day keeps the doctor away“ („Ein Apfel pro Tag hält den Doktor fern.“).

Statt Subventions-Geschenken an die Agrarindustrie mehr Chancen für Lebensmittelqualität und ihre Erzeuger aus der Heimat

Agrarpolitik darf nicht an „Masse und billig" orientiert sein, sondern sollte durchdacht die Gesundheit der Bürger, eine intakte Umwelt und gutes Klima fördern. Bauern, die sich für Lebensmittelqualität engagieren und dazu beitragen, die Gesundheit ihrer Kunden, eine intakte Umwelt, gesunde Böden und die Artenvielfalt zu erhalten, sollten durch eine Umverteilung der bisher jährlich aufgewandten EU-Agrarsubventionen von rund 60 Milliarden Euro unterstützt werden. Wenn sie dadurch die verdienten Vorteile bei der Vermarktung ihrer Erzeugnisse erhalten, wird eine Kette von Folgewirkungen ausgelöst, die den Bürgern, dem ländlichen Raum und Deutschland nutzt.

Lebensqualität und HEIMAT
Aufwärts mit heimischen Erzeugnissen bäuerlicher Landwirtschaft

---

Mit dem Begriff eines menschlich-harmonischen und sicheren Miteinanders ist das Wort „Heimat" verbunden. In der NS-Diktatur wurde dieses Vertrauen und Sicherheit vermittelnde Wort benutzt, um eine rassistische, nationalistische, antiliberale und antidemokratische Politik zu rechtfertigen. Wenn Populisten heute das Wort „Heimat" verwenden, um Zustimmung in der Bevölkerung und Wähler für sich zu gewinnen, sind häufig ähnliche Motive festzustellen.

Heimat ist harmonisches und tolerantes Miteinander in Freiheit und Gerechtigkeit

Heimat entsteht durch Nähe und Zusammenhalt, Vertrauen und Zuversicht. Ideale menschlichen Zusammenlebens, die nicht nur durch rassistische, nationalistische, antiliberale und antidemokratische Tendenzen gefährdet sind, sondern auch durch die Online-Scheinwelt und skrupellose Geschäftemacher, die Vertrauen zerstören, indem sie zum Beispiel mit Marketing-Milliarden Vertrauen in Billigprodukte erzielen wollen, die Vertrauen häufig enttäuschen.

Der Ernährungsreport 2018 der Bundesregierung und weitere Studien belegen, dass Vertrauensverluste bei Erfahrungen mit schlechten Nahrungsmitteln eine besonders nachhaltige Wirkung haben: Laut Umfrage zählt die Gefahr, beim Essen Schadstoffe aus Nahrungsmitteln aufzunehmen, zu den größten „Ängsten der Deutschen" (Umfrage-Thema). Wie der Ernährungsreport 2018 bestätigt, reagieren die Verbraucher mit Umdenken beim Konsum: Mehr als drei Viertel der Deutschen wollen hochwertige Lebensmittel aus der Heimat bevorzugen.

Erfolgreiche naturnahe bäuerliche Landwirtschaft ist Symbol und Motor der Heimatpflege

Wenn Misstrauen gegenüber Massennahrungsmitteln der Agrarindustrie zu den größten Zukunftssorgen der Menschen zählt, sollten Bundesregierung und Landesregierungen diesen Trend nutzen, der sich nicht nur bei der Nahrungsqualität auswirken wird: Natürliche und umweltgerechte Lebensmittelerzeugung regionaler Landwirtschaft fördert die Abkehr von gesundheitsgefährdender Fehlernährung. Sie gibt dem Begriff „Heimat" mit der Erzeugung hochwertiger Nahrung ein klares Profil und vermittelt mit täglichem Genuss Kraft, Vertrauen und Zuversicht.

KURZER TRANSPORTWEG – UMWELTSCHUTZ – PRODUKT-VERTRAUEN – DER BAUER NEBENAN Diese Gründe wurden von Umfrage-Teilnehmern als Argumente für den Trend zu regionalen Lebensmitteln genannt. „Regional" steht somit auch für die Erfüllung von Zukunftsvisionen wie „ENTWICKLUNG DES LÄNDLICHEN RAUMES", „ACHTUNG VOR DER NATUR" und „HEIMATPFLEGE".

Fakten beweisen die Bedeutung der Kaufentscheidung für regionale Produkte

Die globale Agrarindustrie sorgt nicht nur für weltweite Transporte mit Folgen wie Verkehrsbelastung und Luftverschmutzung. Wie Studien ergeben haben, schadet der Anbau von Nahrungsmitteln mit Düngemittel- und Spritzmittel-Chemie zunächst den Böden und dann beim Verzehr durch niedrigen Wertstoffgehalt sowie Rückstandsbelastung den Menschen.

Wir sind *König Kunde* – Wir können die Umkehr am Markt erzwingen

Durch Denaturierung und Entwertung der Lebensmittel, unter anderem mit dem Problem „Mikroplastik" verbunden, ist Deutschland mit einem komplexen Problemfeld konfrontiert: Immer mehr Krankheiten und Siechtum mit steigender Kostenbelastung gefährden Fitness, Lebensfreude, Zufriedenheit und soziale Sicherheit der Bürger.

Sie bedrohen die Leistungsfähigkeit der Betriebe, sowie, in der Summe aller Schäden, die Zukunft der Nation. – Sie haben Lustverlust durch Geschmacksverlust zur Folge. Bekannte Beispiele sind die – viele Jahre marktbeherrschenden – Neuzuchttomaten („Wassertomaten"), von denen dank neuer Forschungsergebnisse bekannt ist, dass ihnen beim Rennen um immer besser aussehende, möglichst pralle und billige Produkte das Geschmacksgen regelrecht herausgezüchtet wurde.

Die Qualitätskatastrophe hat viele Bereiche der Grundnahrungsmittel erfasst. Die ORAC-Liste bietet jedoch die Chance, sich über „Champions der Lebensmittel" (Zitat der kalifornischen Universität Berkeley) zu informieren. Mit diesem Wissen ist jeder Verbraucher in der Lage, zum Nutzen der eigenen Gesundheit Produkte einer an inhaltlichen Werten und Genuss orientierten Wahl zu finden und darüber hinaus einen Beitrag für die gesunde Zukunft Deutschlands zu leisten. Eine Erkenntnis, mit der informierte, gesundheitsbewusste Verbraucher auch im eigenen Umfeld aktiv werden können – Leitgedanke: „Wir sind *König Kunde* und somit der *Souverän am Verkaufsregal.* Gemeinsam mit Gleichgesinnten können wir die Umkehr zu guter Ernährung am deutschen Lebensmittelmarkt erzwingen – ein Beitrag zum gesundheitlichen Wohl aller Mitbürger."

Durch dieses „Zurück zu den Ursprüngen!" – zurück zu natürlichen Lebensmitteln mit ihrem Reichtum an antioxidativ wirkenden Kraft-Stoffen – schaffen wir die *individuelle Energiewende* und können als Mitarbeiter in Unternehmen Produktivitätsreserven aktivieren. Eine Herausforderung zur Umkehr von „Hauptsache billig und bequem!" zu „Hauptsache gut, wertreich und Kraft spendend!".

Der alltägliche Beitrag zum Schutz der Natur und zur Vermeidung der drohenden Umwelt- und Klimakatastrophe

Der Verbrauchertrend zu BIO und regional erzeugten Produkten ist durch Umfrageergebnisse und statistische Zahlen belegt. Dennoch bevorzugen viele Deutsche aus Bequemlichkeit und wegen vermeintlicher Kostenvorteile immer noch Nahrungsmittel, mit denen sie der eigenen Gesundheit schaden – und der Umwelt:

Dass ein großer Teil der Massenware globaler Erzeugung nicht nur beim Verzehr gefährlich ist, sondern schon beim Anbau Schaden verursacht hat, beweisen Überprüfungen der Untersuchungsämter – Beispiel Stuttgart: 16 % der 2017 untersuchten Lebensmittel aus dem Ausland überschritten die vorgeschriebenen Höchstwerte an Pestizidrückständen. Frische Ware aus Deutschland erwies sich als deutlich besser. Stiftung Warentest kommentierte Untersuchungsergebnisse: „Unsere Tests zeigen immer wieder, dass BIO-Ware hinsichtlich Pflanzenschutzmitteln besonders sauber ist."

Ein Beispiel des doppelten Schadens für Natur und Gesundheit sind Erdbeeren, Früchte also, die begrifflich eher dem eigenen Garten oder Erzeugern aus der Region zugeordnet werden. Tatsächlich kommt ein großer Teil aller in Deutschland verzehrten Erdbeeren aus dem Ausland. Zeitweise erzielte China einen Anteil am deutschen Erdbeer-Markt von rund 80 % – unter anderem mit üblen Folgen, die schon 2012 für zahlreiche Beiträge in den Medien sorgten: In jenem Jahr erlitten mehr als 10.000 Deutsche nach dem Verzehr von Tiefkühl-Erdbeeren aus China Brechdurchfall, weil die Ware vom Norovirus verseucht war. Es kam zu Umsatzrückgängen, der umfassende Schaden durch Anbaumethoden und weltweite Transporte wurde von vielen Verbrauchern jedoch nicht wahrgenommen.

Pestizide und viel Zucker in Erdbeermarmeladen

2020 bestätigte ein Beitrag der Zeitschrift *Öko-Test*, dass die von Untersuchungsämtern und der Stiftung Warentest in den Vorjahren ermittelten Nachteile importierter Lebensmittel offenbar immer noch galten. Bei den in Ausgabe 5/2020 veröffentlichten Tests von 20 Erdbeermarmeladen wurde festgestellt, dass mehr als die Hälfte durch Rückstände von Pestiziden belastet war. Die blieben zwar im Einzelfall unter den zulässigen Höchstwerten, es wurden jedoch bis zu sechs verschiedene Pestizidrückstände analysiert. Womit sich die Frage stellt, welche Risiken mit solchen Rückstandskombinationen durch die kumulierenden Wirkungen („Zusammenspiel") verbunden sind.

Es kommt hinzu, dass die Tester bei einigen Erdbeermarmeladen aus dem Ausland hohe Zuckeranteile ermittelten. Die Weltgesundheitsorganisation WHO empfiehlt, solche Produkte unbedingt zu vermeiden, da sie die Gefahr von Übergewicht vergrößern und damit zu einer (Zitat) „Gesundheitskrise enormen Ausmaßes" führen können. Wie ein Aufsehen erregender Beitrag des Westdeutschen Rundfunks WDR im Jahr 2014 zeigte, ist dieser Ratschlag in Deutschland offensichtlich besonders angebracht: 713 Millionen Euro wurden in jenem Jahr in Süßwaren-Werbung investiert und nur 19 Millionen Euro für die Werbung von Obst und Gemüse.

In den von *Öko-Test* untersuchten BIO-Produkten aus Deutschland wurden keine Pestizide nachgewiesen, ein Beweis dafür, dass hochwertige Lebensmittel aus der Heimat mehrfachen Nutzen haben: Neben Gesundheitsschädigungen können Verbraucher mit klugem Einkauf auch Nebenwirkungen vermeiden, die mit dem Einsatz chemischer Mittel bei Düngung und in Pflanzenschutzmitteln entstehen – und zudem eine für Natur und Klima gefährliche Umweltbelastung durch Transporte von Massennahrungsmitteln über viele tausend Kilometer.

Apfel-Tests bei allergiekranken Kindern

In der Dokumentation von Studien – u. a. Anwendungsbeobachtungen bei allergiekranken Kindern – zeigte sich, dass dauerhafter Verzehr minderwertiger und chemisch belasteter Äpfel Allergien verstärkt. Der Verzehr von hochwertigen Äpfeln klassischer Sorten führte dagegen zu positiven Wirkungen in einer Bandbreite vom Stillstand der Symptome bis zu deutlichem Rückgang. So erwies sich erneut, dass Traditionssorten von klassischen Streuobstwiesen mit ihrem großem Wertstoffspektrum in der gesundheitlichen Bewertung vorn liegen.

Fehlernährung – Unmittelbare Folgen und die Folgen der Folgen bis zum Absturz in die „Ich-Ich-Ich-Sucht“

Dauernder Verzehr geringwertiger und gefährlicher Lebensmittel frustriert und macht krank. Mit dem gesundheitlichen Abstieg ist ein zunehmend bedrückender Zustand anhaltender Mattigkeit, Unzufriedenheit und Lustlosigkeit verbunden, der das Selbstwertgefühl ebenso schwinden lässt wie den Glauben an eine gute Zukunft. Der Absturz in die „Ich-Ich-Ich-Sucht“ ist damit vorprogrammiert.

Eine psychische Katastrophe, die zu Macht- und Geldgier führen kann – oder zum Abgleiten in Ersatzbefriedigungen wie Alkohol und Drogen zur Realitätsflucht in die Online-Scheinwelt, um dort den „Kick“ zu haben, der den körperlich und seelisch Abgestiegenen im wirklichen Leben verwehrt bleibt. – Die Weltgesundheitsorganisation WHO hatte nach entsprechenden Studienergebnissen 2018 bereits darauf hingewiesen, dass Online-Sucht (Spiele) als Krankheit behandelt werden müsse. – Hintergrund: Siehe Kapitel „Lebensgrundlage konstruktiv denkender und handelnder Bürger: GESUNDER GEIST IN EINEM GESUNDEN KÖRPER“.

Studien belegen, dass mit der Online-Sucht häufig auch Aktivitäten in der hass- und gewaltverbreitenden Szene der sogenannten „Sozialen Medien“ verbunden sind. *DIE ZEIT* kommentiert davon ausgelöste Folgen in der Ausgabe vom 14.11.2019: „Facebook verdient Geld damit, die Gesellschaft auseinanderzutreiben und fake news in die Welt zu blasen. Die Politik muss endlich den Mut fassen, dem Netzwerk Grenzen zu setzen.“

Während die Gesundheitsbelastung durch Drogensucht, Alkoholismus oder Nikotin erkannt ist, werden Online-Sucht und Tabletten-Abhängigkeit nur unzureichend wahrgenommen. Laut der Deutschen Hauptstelle für Suchtfragen (DHS) sind etwa 1,9 Millionen Deutsche süchtig nach Medikamenten. Sie sollen das Leben der Betroffenen erleichtern. Wissenschaftliche Erkenntnisse belegen jedoch, dass viele Substanzen der Pharmaprodukte gesundheitsschädlich sind, die Medikamenten-Abhängigkeit schon nach wenigen Wochen eintreten kann und damit Gesundheit und Lebensfreude dauerhaft zerstört werden.

Die verhängnisvollen Folgen der Folgen – und das Risiko von Spätfolgen

Herz-Kreislauf-Probleme („Kardiovaskuläre Erkrankungen des Herzens und der Blutgefäße") sind nicht nur eine typische Folge der Fehlernährung, sondern laut Statistik auch die häufigste Todesursache in Deutschland. Erfasst sind dabei Sterbefälle nach Krankheit (u. a. Bluthochdruck, an dem mehr als 20 Millionen Deutsche leiden), allerdings nicht solche nach Unfällen – also als weitere gefährliche Folge der Folge von Fehlernährung. Solche Folgen der Folgen treten jedoch häufig auf – zum Beispiel durch Verletzungen bei beruflicher oder häuslicher Arbeit und vor allem im Straßenverkehr, was durch Pressemeldungen immer wieder dokumentiert wird. Wenn jemand die Kontrolle über sein Fahrzeug verliert, kann das durch eine Herzattacke ausgelöst worden sein, genauso aber einfach durch Mattigkeit und Müdigkeit als zwangsläufige Folge von Fehlernährung.

Statistisch ist belegt, dass der Medikamenten-Konsum mit anhaltender Fehlernährung im Alter zunimmt. Neben erhöhter Unfallgefahr wird über Jahre anhaltender Arzneimittel-Gebrauch auch für die Entwicklung von Altersdemenz verantwortlich gemacht. Schmerzmittel, die laut DHS zu 70 % ohne Rezept abgegeben werden, enthalten häufig Kombi-Präparate, die Nervenkrankheiten wie Parkinson oder Multiple Sklerose verursachen können. Ein anderes Beispiel der Folgen der Folgen durch Fehlernährung ist entzündliches Rheuma im Zusammenhang mit einer Fehlfunktion des Immunsystems. – Die Gesellschaft für Innere Medizin weist zudem darauf hin, dass eine Schwächung des Immunsystems das Risiko für Herzinfarkt und Schlaganfall verdoppelt.

Dass Fehlernährung Übergewicht auslöst, ist bekannt. Etwa die Hälfte der Frauen und zwei Drittel der Männer sind laut Robert Koch-Institut übergewichtig und damit besonders gefährdet, Folgeerkrankungen wie Diabetes, Bluthochdruck, Herzinfarkt und Darmkrebs zu erleiden.

Die Corona-Pandemie hat für zusätzliche Belastungen durch die Folgen von Krankheitsfolgen gesorgt. Bei den Überlegungen, welche Kosten dadurch insgesamt entstehen, darf nicht übersehen werden, dass selbst die Folgen der Folgen gelegentlich noch weitere negative Nachwirkungen hatten. Ein Beispiel sind die durch Corona-Einschränkungen entstandenen Liquiditätsengpässe und drohenden Insolvenzen in zahlreichen Unternehmen, die mit staatlichen Subventionen verhindert werden sollten. Keine Frage, dass neben dem Einsatz von Steuergeldern damit auch zusätzlicher Arbeitsaufwand durch die Bearbeitung von Subventionsanträgen für Behörden verbunden ist. Die Kette negativer kausaler Folgen geht jedoch noch weiter:

Allein in Rheinland-Pfalz mussten im Zusammenhang mit Corona bis Ende Juni 2020 mehr als 70 Ermittlungsverfahren wegen Subventionsbetruges durch falsche Angaben der Antragsteller eröffnet werden. Auch solche Folgekosten sollten berücksichtigt werden, wenn der Aufwand zur Realisierung einer Vorsorgeinitiative, die Corona und andere Krankheiten verhindern kann, mit den Kosten der bisher üblichen Nachsorge-Maßnahmen verglichen wird.

Risiken und Nebenwirkungen der Fehlernährung

Tatsächlich wird das Ausmaß der Schäden, die Fehlernährung einschließlich ihrer Folgewirkungen verursacht, immer noch unterschätzt, obwohl die Kausalketten, die mit dem Verzehr minderwertiger und gefährlicher Lebensmittel beginnen, leicht zu verfolgen sind – am Beispiel der Zellzerstörung:

Nahrungsmittel industrieller Massenproduktion führen zu einer Unterversorgung mit natürlichen Wertstoffen, die lebensnotwendig sind, um Körperzellen gesund zu erhalten und ein intaktes Immunsystem sowie wirksame Selbstheilungskräfte zu fördern. Ohne Schutzstoffe unverfälschter Lebensmittel haben aggressive Freie Radikale freies Spiel bei der Zellzerstörung, verstärkt unter anderem durch chemische Zusätze des „Food Design" oder Rückstandsbelastung der Nahrung.

Lebensmittel neu gezüchteter Kulturpflanzen, die häufig mit Gentechnik im Labor entstanden sind, sollen lange haltbar sein, Transporte überstehen und dann noch im Verkaufsregal attraktiv aussehen. Das Ergebnis ist eine marketingorientierte Standardisierung, unter anderem mit der Folge, dass Neuzucht-Produkte das Supermarktangebot dominieren. Im Gegensatz zu den Ur-Sorten fehlt den „Laborlingen" nicht nur der charakteristische Geschmack, sondern auch der Wertstoffreichtum.

Verdrängen und beschönigen oder der Verantwortung gerecht werden?

Jeder verantwortliche Politiker, Wissenschaftler oder Mediziner, der in unserer „aufgeklärten Zeit" anhaltender Fehlernährung mit minderwertigen bis gefährlichen Lebensmitteln als Ursache zahlloser Krankheiten nicht entgegentritt, macht sich mitschuldig. Allen Entscheidungsträgern sollte bekannt sein, dass Deutschland auf dem Königsweg einer ganzheitlich orientierten Gesundheitsvorsorge mit natürlich wertstoffreichen Lebensmitteln in der Ernährungskrise eine außerordentliche Chance im internationalen Wettbewerb hat – aus zwei Gründen:

1. Deutsche gelten als besonders lernfähig, was sich in Krisenzeiten mehrfach bestätigt hat.
2. Der Trend zu ursprünglichen, von Natur aus wertstoffreichen Lebensmitteln verstärkt sich.

Schlussfolgerung: Durch optimale Ernährung – ein „natürliches Doping mit Langzeitwirkung" – können Deutschlands Bürger Kraft und Schwung aus dem Vollen schöpfen. Genussvolle tägliche Mahlzeiten garantieren Lebenslust und sportlichen Erfolg, treiben die berufliche Entwicklung voran, verbessern das Einkommen und sichern allen, die sich an die FORMEL *E. B. L.* halten, eine vital und sozial glückliche Zukunft.

Erläuterung wissenschaftlicher Bezeichnungen

Freie Radikale (FR) sind aggressive Molekül-Fragmente mit nicht gepaarten Elektronen, die durch „Elektronendiebstahl" z. B. Obst faulen, Fette ranzig werden und Wein oder Eisen oxidieren lassen. Sie können beim Menschen ***Oxidativen Stress*** auslösen und intakte Körperzellen zerstören.

FR entstehen u. a. durch Chemie in Nahrungsmitteln oder Pharmaprodukten, durch Abgase, UV-Licht, Rauchen und hohe Dauerbelastung mit körperlichem oder geistigem Stress. Sie können als Zellzerstörer bei zahlreichen Krankheitsbildern beteiligt sein. Die Bandbreite reicht von Sonnenbrand, Geschwüren, Verletzungen, Entzündungen über Operationsfolgen, Allergien, chronische Mattheit, psychische Instabilität, Herz-Kreislauf-Krankheiten und Schlaganfall bis zu Krebserkrankungen mit der Gefahr, dass Chemo- oder Strahlentherapie zusätzliche Freie Radikale auslösen.

Oxidativer Stress gilt in der Humanwissenschaft als größte Gefahr für die Gesundheit. „Oxistress", wie dieser Zustand auch genannt wird, ist die Überlastung des Körpers durch Freie Radikale. Um dieser Gefahr zu begegnen, benötigt der Körper Antioxidantien aus natürlich hochwertiger Nahrung.

Antioxidantien (AOx) sind Schutzstoffe in Lebensmitteln, vor allem Sekundäre Pflanzenstoffe und Vitamine, die der Oxidation entgegenwirken und ***Oxidativen Stress*** verhindern können. Wer als Basis seiner Ernährung natürlich hochwertige Lebensmittel genießt, vermeidet das gefährliche Defizit an Antioxidantien und ist vom ***Oxidativen Stress*** nicht bedroht. Die pflanzlichen Ur-Sorten haben sich als Sieger im Überlebenskampf der Evolution ein hohes Potenzial dieser vielfältigen und komplexen Stoffgruppe zugelegt, ein natürliches Bollwerk gegen Feinde aus der Natur (UV-Licht, Klimabelastungen, Insekten etc.) und ein Geschenk an den Menschen, der sich mit ihnen ernährt.

Das Netzwerk der lebenswichtigen Antioxidantien besteht aus tausenden verschiedener Substanzen. Ein gutes Beispiel für ihre Vielfalt ist die bekannte Großfamilie der Polyphenole mit (vermutet) 100.000 Antioxidantien-Arten in zahlreichen Substanzbereichen wie z. B. der Familie der Flavonoide, die wiederum in Gruppen gegliedert ist, u. a.: Flavanole, Flavone, Flavonone, Flavanonone, Isoflavanoide und Anthocyanidine – mit etwa 10.000 erforschten Strukturen.

Zur Gruppe der Flavanole gehören Stoffe, die besonders positive Eigenschaften für die Gesundheit besitzen und deshalb in der Ernährungswissenschaft Karriere gemacht haben: Moleküle mit „Einfach-Bindungen" („monomer"), Catechine und Epicatechine, sowie „Mehrfach-Bindungen" („oligomer"), Procyanidine auch als „**O**ligomere **P**roantho**C**yanidine" und vereinfacht als „OPC" bezeichnet. Durch natürliche Ernährung mit hochwertigen Lebensmitteln trägt der Gehalt an OPC auf vielfältige Weise zur Gesunderhaltung und Gesundwerdung der Menschen bei.

Auch hier gilt das Naturgesetz des Zusammenspiels im Antioxidantien-Team (gegenseitig verstärkende bzw. sich ergänzende Wirkmechanismen) – nachgewiesen u.a. für OPC in natürlicher Kombination mit Vitamin C in Lebensmitteln. Procyanidine sind mit den Bausteinen Catechine, Epicatechine und Oligomere ProanthoCyanidine in vielen Pflanzennahrungsmitteln enthalten – in außerordentlichem Maße in Weintraubenkernen. Dies ist der Grund, warum sich OPC-Entdecker Prof. Jack A. Masquelier bei seinen Forschungen auf Weintraubenkerne konzentriert hat. Es erklärt auch, warum Traubenkerne, die als Grabbeigaben in Römer-Sarkophagen gefunden wurden, nach zwei Jahrtausenden „Lagerung“ noch keimfähig sind und Reben wachsen lassen.

Sekundäre Pflanzenstoffe – SPS

Dass pflanzliche Nahrung gesund ist, wussten die Ägypter schon vor 3.500 Jahren, und Hippokrates von Kos (460–370 v. Chr.) fasste diese Erkenntnis in seinem berühmten Lehrsatz zusammen:

„Eure Nahrungsmittel sollen eure Heilmittel und eure Heilmittel sollen eure Nahrungsmittel sein!“

Seit etwa 100 Jahren werden Inhaltsstoffe der Pflanzen nach ihrer Funktion beim Stoffwechsel in Primäre Pflanzenstoffe (Kohlenhydrate, Proteine, Fette) und Sekundäre (SPS) eingeteilt.

SPS – Pflanzenstoffe des *Sekundären Stoffwechsels* – sind eine Großfamilie mit etwa 100.000 Substanzen, von denen viele eine herausragende Bedeutung für die Gesunderhaltung des Menschen haben. Prof. Masquelier war um 1950 einer der Pioniere der SPS-Wissenschaft. Heute steht diese wirkungsstarke Stoffgruppe im Mittelpunkt der Ernährungsforschung – mit dem Ergebnis, dass neben der Funktion als Neutralisierer der Freien Radikale immer mehr spezielle positive Wirkungen ermittelt werden: von der Bakterien-, Viren- und Pilzabwehr durch die Stärkung des Immunsystems und der Herz-Kreislauf-Funktion bis zum Schutz vor Diabetes, Demenz und Krebs. Die SPS unterstützen sich synergistisch untereinander, aber dieses Zusammenwirken ist ebenso mit verschiedenen Vitaminen, Mineralstoffen und Spurenelementen belegt.

So wirken auch die Wertstoffe eines guten Apfels im komplexen System *„Sekundärer Stoffwechsel mit SPS"* auf vielfältige Weise zusammen – zum Beispiel: Polyphenole, u. a. OPC, Catechine, Epicatechine und Carotinoide, Vitamine, u. a. B2, C, E, Mineralstoffe, u. a. Calcium, Kalium, Magnesium, Phosphor, sowie als Spurenelemente Eisen und Selen.

Die Deduktion rationaler Schlussfolgerungen von den Problemen zu ihren Ursachen führt zur Überwindung des *ÜBELS AN DER WURZEL*

Um Appellen wie „Kein Weiter so", „Fundamentale Erneuerung!" oder „Mut zu neuen Wegen" zu folgen, sollten unter dem Eindruck der Corona-Krise zwei grundlegende Voraussetzungen für eine bessere Zukunft erfüllt werden:

1. Politikerinnen und Politiker lösen sich vom „Weiter so im alten Trott", indem sie mit dem wissenschaftlich bewährten Mittel der logischen Deduktion Kausalketten von den Symptomen anstehender Probleme unvoreingenommen zu den Ursachen zurückverfolgen.
2. Alle, die beruflich, politisch oder als Meinungsbildner im Bereich menschlicher Gesundheit Verantwortung tragen, sind ethisch zur Einsicht verpflichtet, dass mangelnde Beachtung wissenschaftlich belegter Erkenntnisse verantwortungslos ist, da diese Form von Ignoranz zu millionenfachem Leid und Tod führen kann.

Deduktives Durchdenken gesundheitlicher Krisen führt von negativen Folgen zu den Ursachen: Eine Schritt für Schritt zurück verfolgte Kausalkette, die schließlich in logischer Analyse das „Übel an der Wurzel" erkennen lässt. Mit der Schlussfolgerung, wie dieses Übel mit der Formel *E. B. L.* gründlich beseitigt werden kann, bietet sich die Chance, Krankheitsfolgen zu überwinden und Belastungen künftig zu vermeiden.

Zwei Gleichnisse zum kausalen Zusammenhang von Ernährung und Gesundheit

Parabel Auf der Strecke bleiben: Rennwagen, die mit schlechtem Kraftstoff betankt wurden, bleiben auf der Strecke. Genauso geschieht es den Menschen, wenn sie nicht mit besten Kraft-Stoffen natürlich wertreicher Lebensmittel auf die Strecke des Lebens gehen. Das wichtigste Ziel des Lebensglücks wird nicht erreicht.

Parabel Auf schwachem Fundament: Ein Haus, das gut aussieht, aber auf schlechtem Fundament gebaut wurde, stürzt zusammen, wenn die schwachen Grundmauern bröckeln und zerfallen. Genauso geschieht es Menschen, die zwar auf Äußeres achten, aber das Fundament ihrer Gesundheit vernachlässigen, indem sie dauernd minderwertige Lebensmittel zu sich nehmen. Schließlich bröckelt ohne Anwendung der Formel *E. B. L.* auch die attraktivste Fassade und das Gebäude ihres Lebens stürzt zusammen.

Zitate zum dominierenden Themenkreis des Krisen-Jahres 2020

Während der Corona-Krise ging der überwiegende Teil veröffentlichter Appelle, Kommentare, Tipps und Erklärungsversuche auf die Folgen der Pandemie ein. Es gab jedoch auch Ausnahmen, Beiträge zu Ursachen und langfristigen Lösungen zur Überwindung gesundheitlicher, sozialer und wirtschaftlicher Probleme – nicht nur in Sachen Corona. Eine Auswahl:

Sabine Gabrysch, Professorin Klimawandel und Gesundheit, Charité – Universitätsmedizin Berlin

„Mit der Zerstörung von Natur und Lebensgrundlagen zerstören wir uns letztendlich selbst." – „Wie kann man Betroffene wappnen? Welche Früchte und Anbauweisen trotzen Wetterextremen besser und beugen drohender Mangelernährung vor?"

Marcel Hunecke, Umweltpsychologe an der Fachhochschule Dortmund, über den Zusammenhang von Klimaschutz, Gesundheit und Lebensqualität

„Man muss positive Erfahrungen sammeln."

Gerda Hasselfeldt, Präsidentin des Deutschen Roten Kreuzes, zur wachsenden Kinderarmut

Auszüge eines DRK-Rundschreibens „Benachteiligten Kindern faire Chancen im Leben zu geben": „Wenn das Geld fehlt, werden selbst Grundbedürfnisse wie eine ausgewogene Ernährung zu unüberwindbaren Hindernissen. Einseitiges Essen ist aber schlecht für die Gesundheit. Diese Kinder neigen häufiger zu

Übergewicht als ihre Artgenossen und sind häufiger krank. Damit sinken ihre Chancen, der Armut mit einem guten Schulabschluss zu entkommen – ein Teufelskreis."

Jeffrey Sachs, Professor Columbia University New York, UN-Berater, Blue Planet Prize 2015

Kommentar zur Steigerung der jährlichen Klimabelastung durch CO_2 vom Stand im Jahr des Weltklimagipfels in Rio 1992 mit rund 20 Milliarden Tonnen auf mehr als 35 Milliarden Tonnen 2020: „Bahn, Autos und Gebäude mit Heizung und Kühlung müssen voll elektrifiziert werden."

Das AGGS macht glücklich und rettet Leben

Die Evolution hat den Menschen in vielen Jahrtausenden Entwicklung mit einem sensiblen System von Geschmacksknospen und Geruchsrezeptoren ausgestattet, ein Sensor-Netzwerk, das in Sekundenbruchteilen entscheidet, was der Gesundheit zuträglich und was gefährlich ist. Als naturgegebene, hochspezialisierte Abwehrautomatik warnt dieses „**A**RCHAISCHE **G**ERUCHS- UND **G**ESCHMACKS-**S**YSTEM" (AGGS) vor dem Verzehr von minderwertigen und gefährlichen Lebensmitteln.

Etwa 50 Jahre industrieller Nahrungsproduktion mit „Fast Food", „Convenience-Marketing" sowie „Food Design" inklusive etwa 300 in der EU zugelassener Zusätze für Geruch, Geschmack und Aussehen haben ausgereicht, die Sinne vieler Konsumenten gängiger Massenware dauerhaft zu betrügen und das ursprüngliche Warnsystem natürlicher Gesunderhaltung auszuhebeln.

Meldung an die Hirn-Zentrale: *„Gut und gesund!“* oder *„Schlecht und gefährlich!“*

Die gute Nachricht: Innerhalb weniger Monate kann das AGGS wiederbelebt werden. Die körpereigene Unterscheidung des Geruchs- und Geschmackssinns in *Gut und gesund* oder *Gefährlich und ungesund* garantiert eine Besten-Auswahl der Lebensmittel. Beim Erkennen von *„Gut und gesund“* reagiert das System mit Appetit und Glücksgefühl, bei *„Schlecht und gefährlich“* mit Widerwillen, mit Überdruss oder sogar mit Übelkeit und Erbrechen.

Die Generation der „Kriegskinder“ hat in den Fünfzigern erlebt, wie sich Verbrauchergunst mit würzigen und chic wirkenden Zutaten in Tütensuppen oder Dosenspeisen und mit prächtig aussehenden Neuzüchtungen und Gewächshauserzeugnissen sowie häufig süßen Fast Food-Angeboten beeinflussen lässt. Es kam hinzu, dass diese neuen Produkte im Rahmen „moderner“ Ernährung den Aufbruch in die ersehnten „neuen Zeiten“ suggerierten. Die Begeisterung kehrte sich jedoch bald in Ablehnung um. Das über viele Jahre mit ursprünglichen Lebensmitteln trainierte Geschmackssystem half, gegen die neuen Produkte aus der Kategorie „Minderwertig bis gefährlich“ Widerwillen zu entwickeln. Weder die Mehrzahl der betroffenen Verbraucher noch der Wissenschaftler und Mediziner war sich damals bewusst, in welchem Maße die vom Geschmack abgelehnten Produkte Gesundheitskiller sind. Es hieß einfach: Ich mag das Zeug nicht mehr!

Zurück zu den Ursprüngen – zurück zum natürlich Schmackhaften – war die vom eigenen Körper diktierte Devise. Im Wettkampf um Essgewohnheiten und Käufergunst unterlagen die „modernen“ Nahrungsmittel Siegern der Besten-Auslese natürlicher Evolution. Erkenntnisse, die sich über gute Ernährung in Kraft und Schwung, Lust und Laune auszahlten.

Ermutigend ist, dass die Wende zur optimalen Ernährung – und damit zum gesundheitlichen Aufstieg – mit Hilfe des AGGS jederzeit möglich ist. Alle, die guten Willens sind, ihr Wohl in die eigenen Hände zu nehmen, können diese Wende mit drei einfachen Vorsätzen schaffen:

ERSTER VORSATZ: Meine Nahrung soll ohne Vorgaukeln von tollem Aussehen, Geruch und Geschmack von Natur aus gut schmecken.

ZWEITER VORSATZ: Ich werde mein AGGS aktivieren, indem ich es mit dem Verzehr der besten Lebensmittel trainiere. Ich bin mir bewusst, dass es einige Monate dauert, bis das AGGS wieder vollkommen funktioniert. Ich weiß aber auch, dass ich danach Entscheidungen, ob die Nahrung mir schadet oder nutzt, wieder meinem intakten Geschmacks- und Geruchssinn überlassen kann.

DRITTER VORSATZ: Ich berücksichtige, dass bei guten Lebensmitteln die Wegwerfquote entfällt, weil diese Produkte so gut schmecken, dass sie mit Genuss vollkommen verzehrt werden und durch den Reichtum ihrer Antioxidantien länger haltbar sind. Ebenso ist mir klar, dass ich mit den guten, angeblich teuren Produkten bei geringerer Menge mehr Wertstoffe erwerbe. – Ich kaufe also letztlich kostengünstige Lebensmittel und habe als Draufgabe viel Genuss und auf Dauer stabile Gesundheit.

Geschmacksknospen sind in Funktionsgruppen an der Zunge und in der Mundhöhle angeordnet. Entsprechend ihrer Spezialisten-Funktion zur „gustatorischen Wahrnehmung“ (Latein: GUSTUS = Geschmack) melden sie die Basis-Geschmackseindrücke *SÜSS – SAUER – SALZIG – BITTER*. In der Wissenschaft wird darüber hinaus eine Wahrnehmung diskutiert, die ein japanischer Forscher entdeckt und *UMAMI* (Japanisch: UMAI = würzig und MI = Geschmack) benannt hat. Dieses (ergänzende) Geschmacksempfinden nutzen Food Designer mit Geschmacksverstärkern der Glutamat-Gruppe (Ester und Salze der Glutamin-Säure), aber auch mit Glutamin haltigem Hefeextrakt, der in der EU sogar als *Zutat* in BIO-Lebensmitteln zugelassen ist. Glutamate können bei Glutamin empfindlichen Menschen zu Kreislaufstörungen führen.

Sicher ist, dass die vier starken Geschmackseindrücke *SÜSS – SAUER – SALZIG – BITTER* im Zusammenspiel mit dem Geruchssinn viele tausend Geschmacksnuancen vermitteln. Eine Erkenntnis, die man auch ohne wissenschaftliche Belege nachvollziehen kann: Wer mit „verstopfter Nase" stark erkältet ist, nimmt nur die Geschmackssignale dieser Grundkategorien wahr.

Bei Säuglingen und Kleinkindern ist das System der Geschmacksknospen zum Schutz des jungen Lebens mit zusätzlichen Rezeptoren z. B. in der Lippenschleimhaut besonders ausgeprägt. Womit deutlich wird, welche Verantwortung Eltern tragen, um dieses sensible System zum Wohl ihrer Kinder zu nutzen: Mit besten natürlichen Lebensmitteln ohne Geschmacks- und Geruchszusätze hat der Nachwuchs die naturgegebene wunderbare Basis für eine lebenslang stabile Gesundheit.

Lebensgrundlage konstruktiv denkender und handelnder Bürger: Gesunder Geist in einem gesunden körper

Bundespräsident Frank-Walter Steinmeier hat die positive Kausalkette des Grundsatzes „Mens sana in corpore sano" für Regierende und Regierte schon zu seinem Amtsantritt im März 2017 als Leitlinie für eine intakte Demokratie formuliert: „Nur wer selber Mut hat, kann auch andere ermutigen, und nur der kann Mut erwarten." – „Die Staatsform der Mutigen – das ist die Demokratie."

Dass diese „Staatsform der Mutigen“ durch Mutlosigkeit gefährdet ist, war eines der Kernthemen beim 29. zentralen Festakt zum *Tag der Deutschen Einheit* am 3. Oktober 2019 in Kiel. Der Bundespräsident lobte in einer Ansprache, dass die Feier notwendige Ernsthaftigkeit mit „viel Schwung“ verbinde. Schleswig-Holsteins Ministerpräsident Daniel Günther kommentierte:

„Es wird uns stärken, wenn wir gemeinsam mutiger und zuversichtlicher in die Zukunft schauen.“ Bundeskanzlerin Angela Merkel definierte ein nationales Ziel: „Zu unserer Verpflichtung gehört, dass niemand, der öffentlich Verantwortung übernimmt – auch nicht Politiker und Ehrenamtliche – um Leib und Leben fürchten muss.“ – „Die Werte des Grundgesetzes müssen jede Debatte in unserem Lande bestimmen.“

Ein Zitat von Frank-Walter Steinmeier zum gleichen Thema aus einer früheren Rede: „Gemeinderäte, Kreisräte und Bürgermeister sind kein Freiwild und nicht der Fußabtreter der Frustrierten, weder im Internet noch auf den Straßen und Plätzen unserer Republik.“ – Angriffe auf diese Amtsträger seien „Angriffe auf das Wurzelwerk der Demokratie“.

Kraft & Schwung – Mut & Zuversicht erzielen und stabilisieren

Während des Festaktes zum *Tag der Deutschen Einheit* waren sich Politiker der bürgerlichen Parteien in ihren Äußerungen zur aktuellen Demokratie-Problematik einig: Die Wende vom bedrückenden Gegeneinander, das den Bürgern, der Demokratie sowie der Wirtschaft wie auch dem Klima- und Umweltschutz schadet, zum aufbauenden Zusammenhalt der Menschen im Land sei dringlich. Ein Basis-Thema, das ähnlich unumstritten ist, wie die Notwendigkeit des Wiederaufbaus, der die Deutschen 1946 aus dem Elend eines grauenvollen Krieges zu neuem Miteinander – und zu nachhaltigem Gewinn an Lebensqualität, zu „innerem Frieden“ mit ausgeprägtem Demokratieverständnis – und zu sozialem Fortschritt führte.

Offensichtlich verfügten die Deutschen in jenen Jahren über die in Kiel angesprochenen Voraussetzungen, um diesen Aufstieg zu bewältigen: Kraft und Schwung, Mut und Zuversicht. – Studien und Umfragen belegen, dass diese Grundlagen im 21. Jahrhundert vielen Menschen fehlen.

Krankenversicherungen: Wer zahlt? Wer kassiert?

Krankenversicherungspflicht ist in Deutschland gesetzlich vorgegeben – auch für Menschen, die sich klug ernähren und die Regeln der FORMEL *E. B. L.* konsequent befolgen. Selbst wenn sie die Versicherung nicht in Anspruch nehmen, also nur Beiträge leisten, aber keine Leistungen benötigen, werden auch sie von Beitragserhöhungen betroffen. Die Versicherungen argumentieren, dass dies – unter anderem wegen der demografischen Entwicklung – unumgänglich sei:

Angeblich verbrauchen alte Menschen durch zunehmendes Kranksein in den letzten zwei Jahren ihres Lebens Versicherungsgelder in einer Höhe wie im gesamten Leben vorher. Diese, entsprechend Versicherungsunterlagen, veröffentlichte Information wird von der wiederholten Kritik begleitet, es gebe zu wenig Ärzte, Krankenhausbetten und kostengünstige Medikamente. Derartige Veröffentlichungen suggerieren, dass häufige und langwierige Krankheiten im Alter zwangsläufig auftreten.

Eine leichtfertige Annahme, die durch Fakten einer erfolgreichen Lebensführung mit der Urkraft Natur wissenschaftlich widerlegt ist: Ernährung mit natürlich wertreichen heimischen Lebensmitteln als – im Sinne des Wortes – *Erneuerbare Energien* für individuelle Gesundheit, soziale Sicherheit und ein konstruktives Miteinander – Grundlage des PROJEKT VITAL mit dem Programm *E. B. L.*

Siehe Kapitel „VITAL BIS 100 – GESUND & GLÜCKLICH MIT DER URKRAFT DER NATUR".

„ugly eaters" belasten sich selbst und die Versicherungen

Menschen, die der Fehlernährung verfallen sind (auch als „ugly eaters" bezeichnet), leiden unter „modernen Krankheitsbildern". Statistiken weisen für Demenz, Depression, Allergien, Rückenleiden, Adipositas, Diabetes und Krankenhausinfektionen einen erschreckenden Anstieg aus. Die wichtigste Ursache dieser gefährlichen Entwicklung ist bekannt: In Fachpublikationen (u. a. Bundesministerium für Bildung und Forschung) wird *Fehlernährung* für bis zu zwei Drittel aller Krankheiten verantwortlich gemacht.

Angeblich „Teuer" ist günstiger als scheinbar „Billig"

Welche Lebensmittel sind tatsächlich teuer? Ein Beispiel ist der Vergleich eines klassischen Boskoops von der Streuobstwiese, auf der es weder chemischen Dünger noch Spritzmittel gibt, gegen Neuzüchtungen aus Plantagen der Agrarindustrie. Für den Boskoop wird häufig ein Wertstoffgehalt nachgewiesen, der bis zum Zehnfachen über dem der Neuzüchtungen liegt. Selbst wenn ein Kilo dieser Boskoop-Äpfel das Doppelte des Preises der Billigäpfel kostet, wäre der Kauf der klassischen Sorte aus kaufmännischer Sicht unbedingt zu empfehlen, denn der hohe Wertstoffgehalt sichert Geschmack und Gesundheit – und ist damit beim Einkauf sicherlich wichtiger als eine oberflächliche Bewertung, die nur das Gewicht berücksichtigt.

Der anhaltende Anstieg der Beiträge zur Krankenversicherung, der auch die gesunden Normal-Esser trifft, ist eine der unmittelbaren Folgen. Zunehmende Häufigkeit und Dauer von Krankheiten und die damit verbundene Mattigkeit und Leistungsschwäche führen zudem zu Problemen in vielen anderen Bereichen: vom schulischen und beruflichen Scheitern und der Suchtgefährdung Jugendlicher über Wettbewerbsnachteile der Unternehmen (Fehlzeiten und hohe Fehlerquoten – Mangel an qualifizierten Fachkräften und Nachwuchs) bis zur Altersarmut, die unter anderem durch frühzeitige Gebrechlichkeit und Senilität ausgelöst wird.

Die Organisation für wirtschaftliche Zusammenarbeit und Entwicklung OECD hat errechnet, dass Übergewicht in Deutschland mehr als 10 % aller Krankheitskosten verursacht. In der Übergewicht-Studie wurde die Fettleibigkeit mit ihren Folgen in 52 Staaten analysiert. Deutschland liegt bei der Kostenbelastung für die Bürger an fünfter Stelle. Prognosen weisen weitere Belastungen durch zunehmend übergewichtige und kranke Kinder sowie wachsende Krankheits-, Pflege- und Rentenkosten in Folge der demografischen Entwicklung aus.

Die Wende vom ugly eater zum best eater – strategischer Gewinn positiver Kausalketten

Dass Durchstarten in eine bessere Zukunft nur mit dem individuellen Mitwirken der Bürger erzielt werden kann, hat die Humanwissenschaft schon vor Jahrzehnten angemahnt. Inzwischen liegen dazu überzeugende Berechnungen vor. Zum Beispiel:

Eine Besserung des allgemeinen Gesundheitszustandes von nur 10 % bedeutet für Deutschlands Wirtschaft allein durch die Verringerung von Fehlzeiten und Fehlerquoten eine jährliche Entlastung von mehr als 20 Milliarden Euro und volkswirtschaftlich unter Berücksichtigung der Entlastungen u. a. bei Krankenversicherung, Rentenversicherung, Verkehr und Luftverschmutzung insgesamt weit über 100 Milliarden Euro pro Jahr.

„bad news“ – Das *ÜBEL AN DER WURZEL* vieler schlimmer Nachrichten in den Medien

Die Hochschule Fulda hat in einer Studie ermittelt, dass 2018 fast alle Mitarbeiter in hessischen Notfallambulanzen bei ihren Einsätzen unter verbalen Attacken von Zuschauern („Gaffer“) gelitten haben, rund 75 % wurden Opfer körperlicher Gewalt. Fazit: Die Frustrierten, Meckerer und Hasser beschränken ihre Wutausbrüche nicht auf Aggressionen in den sogenannten Sozialen Medien, sondern lassen ihrer „Wut auf die anderen und die Obrigkeit“ auch mit wachsender Gewaltbereitschaft freien Lauf. Laut Bundeskriminalamt stieg die Zahl politisch motivierter tätlicher Angriffe auf Politiker und Politikerinnen deutlich an.

Insbesondere in Meldungen der Lokalzeitungen ist häufig nachzulesen, dass Polizeibeamte, Feuerwehrleute und Mitarbeiter von Rettungsdiensten bei Unfällen und anderen Einsätzen behindert, beschimpft oder tätlich angegriffen werden. Beiträge dieser Art berichten auch über Belastungen für Mitarbeiter auf Bahnhöfen und in anderen öffentlichen Einrichtungen. Zunehmend sind auch Bürger, die sich ehrenamtlich in Gemeinderäten, Parteien und anderen Organisationen engagieren, von verbalen Attacken und Gewaltausbrüchen betroffen.

Schlimme Nachrichten („bad news“) – Beispiele aus Presseberichten:

In Norwegen erschießt ein Radikaler namens Anders Breivik bei einer Feier zahlreiche junge Sozialdemokraten. In Schweden verletzt ein Mann mit einem Axt-Angriff fünf Menschen, bevor er von der Polizei niedergeschossen werden kann.

In Tschechien erschießt ein Selbstmörder im Warteraum der Universitätsklinik von Ostrau sechs Menschen und verletzt drei weitere, bevor er sich selbst tötet.

In Kanada erschießt ein 25-Jähriger 1989 an der Hochschule in Montreal 14 Frauen und dann sich selbst – und erklärt in einem Schreiben seinen Hass auf feminin engagierte Frauen. 2020 erlebt das Land einen weiteren Amoklauf, bei dem der Täter 16 Menschen erschießt und viele verletzt, bevor ihn die Polizei töten kann.

In Deutschland erschießt die rechtsradikale Terrorgruppe „NSU" neun ausländische Mitbürger und eine Polizistin und verübt zudem 43 Mordversuche, 15 Raubüberfälle und 3 Sprengstoffanschläge.

In Köln werden am 17. Oktober 2015 beim Messerangriff eines Rechtsextremisten auf einem Wochenmarkt im Stadtteil Braunsfeld die Oberbürgermeister-Kandidatin Henriette Reker und eine Frau schwer sowie drei andere Besucher der Veranstaltung leicht verletzt. Zum Karnevalsauftakt am 11. November 2019 werden in Köln drei Angriffe mit Verletzungen registriert, mit denen die Täter offenbar Angst und Schrecken verbreiten wollten. Darunter eine Attacke, bei der ein junger Karnevalist mit einem Kabelbinder gewürgt wird. Bei einem Streit im Jahr 2020 schleudert ein 23-Jähriger einen Beamten mit dem Kopf gegen eine Hauswand und verletzt ihn dadurch schwer.

In Kassel ermordet ein Rechtsradikaler am 5. Juni 2019 den Regierungspräsidenten Walter Lübcke durch einen Kopfschuss.

In Koblenz wurde ein 2012 begonnenes Verfahren wegen Bildung einer kriminellen Vereinigung, Körperverletzung und Sachbeschädigung gegen Angeklagte aus dem Umfeld einer vermutlich rechtsextremen Organisation nach 337 Verhandlungstagen zunächst ergebnislos eingestellt, weil der vorsitzende Richter wegen Erreichen der Altersgrenze aus dem Dienst ausschied. Bei der Wiederaufnahme 2018 berichtete die Presse über mehr als 500 zwischenzeitlich vorliegende Befangenheitsanträge, 240 Beweisanträge, mehr als 400 Anträge zum Verfahrensablauf sowie über rund 1.000 Textseiten der Anklage – und am Rande auch über Vorfälle wie Stinkbombenanschläge und mit Hakenkreuzen beschmierte Toiletten.

In Berlin ersticht ein 57 Jahre alter psychisch kranker Mann den Arzt Ernst Ulrich von Weizsäcker während eines Vortrags. Motiv, so der Täter: Wut auf den verstorbenen Bundespräsidenten Richard von Weizsäcker, den Vater des Ermordeten.

In Freiburg erschießt ein 33Jähriger deutscher Auftragsmörder einen 24 Jahre alten Drogenabhängigen. Der Mörder erhielt vom Auftraggeber, einem 39 Jahre alten Rechtsanwalt, 50.000 Euro, wurde gefasst und zu lebenslanger Strafe verurteilt. Der Rechtsanwalt wollte die bei ihm hinterlegten Einnahmen aus Drogengeschäften des Ermordeten selber behalten, wurde verhaftet – und beging im Gefängnis Selbstmord.

In München versucht ein Randalierer, einen eingreifenden Polizisten auf die Gleise zu stoßen. Das gelingt zwar nicht, aber beim Ringen auf dem Boden greift der Täter nach der Dienstwaffe des Beamten und schießt damit auf eine 23 Jahre alte Polizistin, die ihren Kollegen schützen will. Der Täter trifft die Beamtin am Kopf, sie schwebt in Lebensgefahr. Zwei Passanten werden zudem mit Durchschüssen am Arm und am Bein getroffen.

Der Vorfall erinnert an andere Attacken wie zum Beispiel am Hauptbahnhof, wo ein 23 Jahre alter deutscher Münchner bei einer Personenkontrolle einen 30 Jahre alten Beamten unerwartet von hinten mit einem Messer angegriffen und schwer verletzt hatte. Zeugen überwältigten den Täter und verhinderten Schlimmeres. – Am Bahnhof Grafing bei München hatte ein Amokläufer vorher einen Menschen getötet und drei verletzt. Tödlich verlief auch ein Vorfall am Münchner S-Bahnhof Solln, wo ein Mann ermordet wurde, der versucht hatte, Kinder vor prügelnden Jugendlichen zu schützen.

In einem Berliner Bahnhof attackierten Jugendliche einen Mann, der sie wegen ihres rüpelhaften Verhaltens rügte. – Über Hass und Gewalt auf Bahnhöfen wird häufig berichtet: In vielen Städten klagen Servicemitarbeiter darüber, dass sie an Schaltern und auf Bahnsteigen immer wieder beleidigt oder sogar bespuckt und körperlich angegriffen werden.

In Dietzenbach, Hessen, bewerfen etwa 50 Angreifer im Mai 2020 Polizeibeamte und Feuerwehrleute mit Steinen.

Die Wiedergabe von „bad news“ bestätigt die Erkenntnis, dass solche Vorfälle mit den bisher erfolgten Teilmaßnahmen weder nachhaltig einzuschränken noch dauerhaft abzustellen sind. Womit deutlich wird, dass es besser ist, Ursachen von Hass und Gewalt zu beseitigen, als immer nur die Symptome der Folgen zu bekämpfen.

Die *Wut ablassen* über ein verpfuschtes Leben: Frauen als Opfer psychisch kranker Männer

„Wer ist als minderwertig unter mir einzustufen?“ – „Auf wen kann ich herabblicken?“ – „Wen kann ich niedermachen, damit ich mich besser fühle?“ – „Wo kann ich die Wut über mein verpfuschtes Leben ablassen?“ – Psychologen haben schon in früheren Zeiten das auslösende Übel in der Psyche von körperlich und seelisch abgestiegenen Männern analysiert – und dabei Beweggründe ermittelt, die vorstehend in Form von Fragen formuliert sind.

Während heute besonders Andersgläubige (z. B. Juden) und Menschen fremder Kulturen und – vor allem in den USA – Schwarze als Opfer betroffen sind, waren es früher Frauen, die in Zeiten einer an skrupelloser Dominanz orientierten Männerwelt ohnehin als untergebene Dienerinnen oder gar Sklavinnen eingeordnet wurden. Initiativen gegen häusliche Gewalt wie „Mehr Sicherheim für Frauen“ bekämpfen diese inhumane Einstellung auch heute noch.

Obwohl in den Medien häufig von beeindruckenden Erfolgen außergewöhnlicher Frauen berichtet wird, gibt es immer noch Männer, die Frauen als minderwertig einstufen, Absteiger der Gesellschaft, die ihre Wut über ein verpfuschtes Leben an Frauen auslassen. Neben Beschimpfungen und Unterdrückungen, Prügeln und Verletzungen, über die Medien häufig berichten, erleiden Frauen Schlimmeres: Das Bundeskriminalamt hat ermittelt, dass allein im Jahr 2018 in Deutschland insgesamt 122 Frauen von ihren Partnern oder Ex-Partnern umgebracht worden sind.

Dass Söhne ihre Mütter ermorden, ist kaum vorstellbar, aber durch ein besonders schlimmes Verbrechen in Rot am See belegt: Ein 27-jähriger Deutscher erschießt bei einem Familientreffen im Januar 2020 seine Eltern und vier weitere Verwandte – laut seiner Erklärung vor Gericht wegen Hass und Rachegefühl gegen seine Mutter.

Eine Abstiegsspirale, die schließlich zum physischen und psychischen Absturz führen kann

Während Berichte über Untaten früher nach der verbreiteten Kommunikationsdevise „good news are no news – bad news are news“ (frei übersetzt: „Gute Nachrichten sind uninteressant“) vor allem auf das böse („bad“) Geschehen beschränkt waren, wird heute von anspruchsvollen Publikationen zunehmend der psychologische Hintergrund der Täter zum Zeitpunkt der Tat recherchiert. Bekannte Beispiele sind zwei furchtbare Amokläufe deutscher Schüler und die Tat eines frustrierten, lebensmüden deutschen Piloten, der bei einem gezielten Absturz 150 Passagiere mit in den Tod gerissen hat – und damit zum Massenmörder wurde.

Nachforschungen der Journalisten ergaben auch in vielen anderen Fällen, dass sich die Lebensgeschichten der Täter in Grundzügen ähneln und die Tat letztlich das Ergebnis eines zunehmenden Abstiegs physischer und psychischer Gesundheit war. Fazit: Wäre dieser Abstieg nicht irgendwann ausgelöst worden, hätte es keinen Absturz in das Verbrechen gegeben.

Stabil gesunde Bürger fördern Zusammenhalt und inneren Frieden in einem demokratisch stabilen Deutschland

Mit dem Gewinn von stabiler Gesundheit und Lebensfreude ist die FORMEL *E. B. L.* eine praxisnahe Anleitung zum erklärten Ziel des friedlichen Miteinanders. Stabil gesunde Menschen, die genügend Glücksmomente erfahren, sind weder verbohrt und verklemmt noch verbittert und hasserfüllt. Sie sind lebensbejahend und gemeinschaftsfähig, neigen weder zu Antisemitismus noch zu irgendeiner anderen gefährlichen Anti-Haltung. Sie sind aufgeschlossen und tolerant, Eigenschaften, die das friedliche Miteinander von Kulturen und Religionen und damit natürlich auch die Integration fördern.

Die demografische Entwicklung ist eine Chance für Deutschlands Wirtschaft

Eine „fundamentale Erneuerung" mit guter Ernährung kann auch das Problem bei Frühverrentungen lösen: Laut Auswertung der DAK Gesundheit waren psychische Probleme hinter Muskel- und Skeletterkrankungen schon 2012 bei mehr als 40 % der Betroffenen Grund für Frühverrentungen. Die Statistik belegt, dass psychische Erkrankungen von 1995 bis 2010 um 80 % zugenommen haben, und in einem Bericht der Bundesregierung unter dem Titel „Sicherheit und Gesundheit bei der Arbeit 2010“ war nachzulesen, dass der durch psychische Probleme verursachte Arbeitsausfall 2010 bereits eine Kostenbelastung von 5,1 Milliarden Euro verursacht hatte.

Die Corona-Krise hat mit ihren Einschränkungen und zusätzlichen Belastungen nachdrücklich verdeutlicht, dass Stress als Auslöser von Erschöpfung, Abgeschlagenheit, anhaltendem Vitalitätsverlust und Depressionen das Wohlbefinden und die soziale Sicherheit der Bürger, den Erfolg der Unternehmen und die Zukunft Deutschlands gefährdet. Gleichzeitig offenbarten Untersuchungen und Umfragen, dass Arbeitnehmer, die sich mit naturnaher Lebensführung gut ernähren und effizient bewegen, in diesen Krisenzeiten nicht nur das eigene Wohlergehen bewahrt haben. Auch in „gestandenem Alter“ hatten viele sogar die Kraft, betroffenen Mitbürgern zu helfen.

TEIL II

PROJEKT VITAL *E. B. L.* – VORWÄRTS IN DIE GESUNDE ZUKUNFT DEUTSCHLANDS

Die Eigeninitiative zum Aufstieg in Lebensqualität

Umfragen und Studien zum Thema „Zukunft“ erbrachten ein eindeutiges Ergebnis:

Gesundheit und Lebensqualität verbunden mit mehr Chancen und mehr Sicherheit im Leben ist für die Mehrheit der Deutschen „Wunschtraum Nummer eins“. Der Zukunftsforscher, Erziehungswissenschaftler, Politik- und Wirtschaftsberater Prof. Horst W. Opaschowski interpretierte diese Erkenntnis mit Blick auf Deutschlands wirtschaftliche Zukunft:

„*Gesundheit und Lebensqualität* werden *die Megamärkte der Zukunft sein.*“

Dass die Bedeutung guter Ernährung auch von vielen jungen Menschen erkannt worden ist, zeigte 2015 eine Trend-Umfrage bei Google mit dem Thema „Wünsche und Trends der *Generation 25*“ anlässlich des 25. Jahrestages der Wiedervereinigung. Die Ergebnisse wurden in einer Broschüre veröffentlicht. – Zitate junger Umfrage-Teilnehmer zum Thema „Ernährung“:

„Immer mehr Verbraucher erkennen, dass gesunde Ernährung nicht mit Vernunft und Disziplin erzwungen werden muss, sondern mit Spaß verbunden ist.“

„Bewusst leben heißt auch bewusst konsumieren.“

„Wir müssen gut zu unserem Körper sein, wir haben keinen Ersatzkörper im Schrank.“

„Eine gute Zukunft mit persönlichen Erfolgen braucht eine gute Basis: Stabile Gesundheit.“

Zum gleichen Thema äußerte sich auch Bundesernährungsminister Christian Schmidt:

„Jedes Kind soll das Einmaleins einer gesunden Ernährung lernen.“

PROJEKT VITAL *E. B. L.* ist eine Anregung zur individuellen und allgemeinen Energiewende

PROJEKT VITAL *E. B. L.* bietet Menschen aller Altersklassen eine Chance, den Lebenstraum GESUND & GLÜCKLICH in Eigeninitiative Wirklichkeit werden zu lassen – mit diesem Gewinn:

» Wohlbefinden und Lebensqualität bis ins hohe Alter durch die Urkraft der Natur.
» Dank guter Ernährung können Fitness und Leistungskraft durch das Frühgymnastik-Programm „Zwölf Minuten für die Fitness" entwickelt werden. Teilnehmer, die bei Tests engagiert mitgemacht haben, konnten Rücken-, Muskel- und Gelenkbeschwerden nachhaltig überwinden – was in einigen Fällen vorher durch Therapien und Medikamente nicht gelungen ist.
» Genussvolle Erfahrungen, wie die Vitalfaktoren *„E. B. L."*, für das persönliche Wohlergehen und positive Kausalfolgen bei Umwelt und Klima konnten umgesetzt werden.
» Unternehmen, die Ganzheitliche Gesundheitsvorsorge mit der FORMEL *E. B. L.* ihren Mitarbeitern als Erfolgsfaktor betriebsintern anbieten, gewinnen gesundheitlich stabile, leistungsfähige, belastbare und zufriedene Arbeitnehmer.

Entlastung und Befreiung vom Diktat des „INNEREN TRÄGHEITS-VERFÜHRERS"

Laut Studien steigen die meisten Deutschen bereits für Distanzen ab 300 Metern ins Auto. Vitale Teilnehmer des PROJEKT VITAL *E. B. L.* meistern auch längere Wegstrecken gern zu Fuß oder mit dem Fahrrad. Sie fördern damit Verkehrsentlastung und Verringerung der Luftverschmutzung. Ihre Vorliebe für hochwertige, nur über kurze Strecken transportierte Lebensmittel aus der eigenen Region ist ein weiterer Beitrag zur Entlastung von Verkehr und Umwelt.

PROJEKT VITAL *E. B. L.* ist ganzheitliche Gesundheitsvorsorge, die sich von üblichen Teilmaßnahmen unterscheidet und in Tests nicht als Belastung, sondern als Entlastung und Befreiung vom Diktat des „INNEREN TRÄGHEITS-VERFÜHRERS" (*„Innerer Schweinehund"* oder *„Weiter so im alten Trott"*) bewertet wurde. Der Zuwachs an Vitalkraft trägt dazu bei, Herausforderungen als Chancen anzunehmen. Aufgaben können entspannt und effizient bewältigt werden. Leistungsfähigkeit frei von Burn-Out-Gefahren sichert Zufriedenheit und Zuversicht, beruflichen Erfolg und gutes Einkommen.

Entspannt und mit Genuss physische und psychische Stabilität gewinnen

Mit Leitlinien für ein gesundes und glückliches Leben vermittelt die Initiative unterhaltsam Information und Motivation für Genuss und Lebensfreude – zum Beispiel:

„BIONISSIMO": Unverfälschte pflanzliche Lebensmittel robuster Ur-Sorten, die, frei von Spritz- und Düngemittel-Giften, natürlich gewachsen sind und in der Evolution einen Antioxidantien-Reichtum entwickelt haben, der Körperzellen vor Zerstörung durch Freie Radikale schützt.

„Die wunderbare Urkraft der Natur": Mit intakten Zellen, leistungsstarkem Immunsystem, funktionierendem Stoffwechsel und natürlichen Selbstheilungskräften wird stabile Gesundheit erreicht – ohne der Gefahr von Risiken und Nebenwirkungen durch Pharmaka.

„Every day for future!": Der Verzehr natürlich wertvoller Lebensmittel ist Anregung zu naturnaher Lebensführung – ein Beitrag zum Erhalt intakter Umwelt und zum Klimaschutz.

„Das Miteinander ohne Viren-Gefahren": Ein hoch entwickeltes Immunsystem befreit von Ängsten vor Infektionen aller Art. So macht es Spaß, gemeinsam gutes Essen zu genießen – ein nachhaltiger Beitrag für den Zusammenhalt in Familie, Freundeskreis, Verein und Gemeinde.

„Herausforderungen im Beruf und im Sport“: Kein Problem, sondern Anregung.

Die Erfolgsgeschichte des PROJEKT VITAL *E. B. L.*

Das PROJEKT VITAL *E. B. L.* nutzt einen Königsweg zu stabiler Gesundheit, der nicht nur Infektionen vermeidet, sondern mit viel Genuss dauerhaft zur Gesunderhaltung führt – belegt durch Praxis-Tests in Studien: Drei-Burgen-Klinik Bad Münster am Stein, Naturheilkunde-Klinik, Püttlingen, VITALGRUPPE HWK, Trier. Die positiven Ergebnisse – insbesondere durch Verwendung von Traubenkernmehl – wurden in Fachzeitschriften und anderen Medien veröffentlicht. – Kommentare:

Fachzeitschrift *HERZMEDIZIN*: „Traubenkerne verbessern Blutwerte“

NATUR & HEILEN Monatszeitschrift für Gesundes Leben: „Super-Antioxidans im Traubenkern“

CAPITAL empfahl: „Das Elixier aus der Ölmühle“

Der *KÖLNER STADT-ANZEIGER* titelte: „Zelle liebt Kern – Traubenkerne gelten als Stresskiller“

Die *Frankfurter Allgemeine Zeitung FAZ* in einem zusammenfassenden Kommentar:

„Heinen steht für die Symbiose von Genuss und Gesundheit“

Bericht im Wellness Report der BERKELEY UNIVERSITY, Kalifornien

Durch Presse- und Rundfunk-Veröffentlichungen wurden auch wissenschaftliche Institutionen auf die Ernährungsinitiative mit Traubenkernmehl und anderen wertvollen Lebensmitteln aufmerksam. Die kalifornische Berkeley-Universität berichtete unter der Überschrift „Antioxidising Champions – Champions of food“ im „Wellness Report“ über Studienergebnisse in Deutschland, dass selbst chronische Krankheiten durch den Genuss wertvoller Lebensmittel überwunden werden – und Winfrid Heinen in Deutschland den „wahrscheinlich stärksten Champion“ bereits gefunden und vorgestellt habe: *„grapeseed flour with the highest antioxidative potential“* (Original-Zitat übersetzt: „Traubenkernmehl mit dem höchsten antioxidativen Potenzial“).

Viele Milliarden Euro Folgekosten einer Pandemie oder weitsichtige Vorsorge durch die FORMEL *E. B. L.* mit einem Bruchteil dieser Aufwendungen?

Im Juli 2020 entschieden die Regierenden der EU nach 90 Stunden Verhandlungen in Brüssel, dass bis Ende 2023 insgesamt 390 Milliarden Euro Zuschüsse investiert werden, um Corona-Folgen zu überwinden. Ob auch dieser gewaltige Betrag wiederum kurzsichtiges Nachsorge-Stückwerk im Rahmen der Gesundheitspolitik ist, wurde offensichtlich nicht diskutiert. – Tatsächlich könnte durch Vorsorge mit der FORMEL *E. B. L.* eine gute und gesunde Zukunft der EU mit einem Bruchteil dieser Zuschuss-Summe über 2023 hinaus dauerhaft wirksam gesichert werden – weitsichtig also.

Ein persönlicher Rückblick: Anfänge und Entwicklung des PROJEKT VITAL *E. B. L.*

Ältere Menschen können sich erinnern, dass in Kriegs- und Nachkriegsjahren gute Ernährung mit wertvollen Lebensmitteln, effiziente Bewegung auf den eigenen Beinen und naturnahe Lebensführung (ohne Bildschirmstarren und Smartphone-Daddeln) als selbstverständlich empfunden wurden. Ein gesundes Leben nach der bewährten FORMEL *E. B. L.* war damit vorgegeben. Vor diesem Hintergrund ist auch die Entwicklung des PROJEKT VITAL *E. B. L.* über etwa fünf Jahrzehnte zu sehen.

Welt-Kongress der Immunforscher in Düsseldorf

Durch eine Serie „Essen in Essen", die ich als junger Journalist Mitte der Sechziger Jahre für die Tageszeitung NRZ geschrieben habe, und die Teilnahme an einem Welt-Kongress führender Immunforscher im Düsseldorfer Cinerama-Europa-Palast wurden natürliches Genießen, Lebensmittelqualität, Lebensfreude und Gesundheit zu meinen „Leib-und-Magen-Themen".

Modellprojekt NRW: Als Thyssen-Werkredakteur hatte ich Mitte der Siebziger Jahre für eine Publikation der NRW-Landesregierung recherchiert, dass die Leistungen türkischstämmiger „Azubis" bei Thyssen und auch in anderen Großunternehmen des Ruhrgebietes von ihren Ausbildern überwiegend positiv beurteilt wurden. Interviews in den Familien der Auszubildenden bestätigten meine Erkenntnis, wie eng gute Ernährung und gute Leistung zusammenhängen. Die Mehrzahl der erfolgreichen Jugendlichen aß zu Hause eher klassisch-ländlich als nach „moderner" deutscher Art. Vor diesem Hintergrund habe ich zugesagt, die vom Thyssen-Vorstandsvorsitzenden Prof. Dr. Dieter Spethmann befürwortete Aufgabe zu übernehmen, einen deutschen Jugendlichen, der unter Epilepsie litt, während seiner Ausbildung mit Rat und Tat zu begleiten. – Die NRW-Landesregierung wollte mit einem Modellprojekt, an dem sich auch andere Unternehmen beteiligten, prüfen, ob und wie es möglich ist, behinderte und chronisch kranke Jugendliche ins Berufsleben einzugliedern.

Im Zweier-Team „Fordern und Fördern“: Mit meinem mittlerweile gefestigten Wissen, dass gute Ernährung plus Bewegung, anders als eine Therapie mit Medikamenten, negative Folgewirkungen ausschließt und Fordern ein wichtiger Teil des Förderns ist, haben wir, der Auszubildende und ich, als Team seine kaufmännische Lehre begonnen und diese Grundvoraussetzungen bis zur bestandenen Prüfung konsequent befolgt. Die Erfolgsgeschichte fand ihre Fortsetzung, als der junge Mann in einen FDP-Stadtvorstand gewählt wurde und mich, einige Jahre später, nach einer Fahrt mit seinem neu erworbenen Motorroller in meinem Verlag an der Mosel besuchte. Er berichtete, dass die Krankheit endgültig überwunden sei.

Ansporn für Verum-Tests mit Experimentalgruppen: Für mich war das Ansporn, die Idee „Gesunderhaltung und Gesundung mit der FORMEL *E. B. L.* – ERNÄHRUNG, BEWEGUNG LEBENSFÜHRUNG“ – weiterzuentwickeln, zunächst mit eigenen Ernährungserfahrungen. Nach dem Start meiner VITIS-Traubenkernmühle 1994 und der Entwicklung von Traubenkernprodukten konnten wir mit der Klinik Bad Münster am Stein Anwendungsbeobachtungen bei Herzinfarktpatienten durchführen.

Die Ernährungsumstellung mit kalt gepresstem Traubenkernöl und Traubenkernmehl aus dem Presskuchen der Traubenkerne wurde bei den teilnehmenden Patienten auch in der Zeit nach der Entlassung aus der Klinik fortgesetzt. Analysen zeigten, dass die Teilnehmer der Experimentalgruppe ihre Blutwerte signifikant verbessert hatten: Das LDL (Low Density Lipoprotein, auch als „Böses Cholesterin“ bezeichnet) lag deutlich unter und das HDL (High Density Lipoprotein, „Gutes Cholesterin“) über den Werten der Kontrollgruppe. Als wir die „Traubenkerngruppe“ (interne Bezeichnung) später mit Angehörigen zu einer Besichtigung der Traubenkernmühle einluden, hörten wir von den Besuchern, dass sie sich weiter gut ernähren und bewegen, um nie wieder einen Herzinfarkt zu erleiden.

Interdisziplinäre Wissenschaftskongresse zum Thema „Freie Radikale – Antioxidantien“

2002, 2004 und 2006 folgten anerkannte Forscher und Mediziner aus Deutschland meiner Einladung zum „Forum Traubenkern“ mit dem Themenkreis „Freie Radikale – Antioxidantien“. Wir konnten durch Wissensaustausch die gesundheitliche Bedeutung dieses Forschungsbereiches kommunizieren, gesundheitliche Gefahren (Zelltod) durch aggressive Freie Radikale (FR) definieren und den Nutzen von Lebensmitteln mit naturgegeben hohen Potenzialen an Antioxidantien („Verteidiger“ gegen „FR“) deutlich machen. In Zusammenarbeit mit Referenten der Kongresse sowie weiteren Experten habe ich Analysen, Forschungsprojekte, Studien und Anwendungsbeobachtungen publiziert.

Wesentliche Beiträge leisteten Forscher wie Prof. D. Treutter und Prof. E. F. Elstner vom Wissenschaftszentrum Weihenstephan (Procyanidine, Catechine, Epicatechine), Prof. M. Hoffmann und Dipl. Ing. B. Staller, Triesdorf/Kelheim (Elektrochemisches Gesamtpotenzial von Lebensmitteln), Prof. J. Masquelier, Bordeaux (Nobelpreis-Kandidat dank seiner Forschungsarbeiten zum Thema Traubenkern/Procyanidine), Prof. N. Bouven, s-Hertogenbosch, und Dr. H. Clarijs, Antwerpen (Antioxidatives Potenzial von Lebensmitteln in FRAP-Werten) sowie die Mediziner Prof. B. Krönig, Trier, Dr. W. Keck (Drei-Burgen-Klinik Bad Münster am Stein) und Prof. M. Stimpel, (Naturheilkunde-Klinik Püttlingen).

Zu Erfahrungen bei äußerlicher Anwendung des kalt gepressten Traubenkernöls verhalfen mir DRK-Schwestern. Sie behandelten Wunden von Dekubitus-Patienten mit dem von uns zur Verfügung gestellten kalt gepressten Traubenkernöl. In einigen Fällen erhielten wir schriftliche Bestätigungen der Gesundung, in einem Fall sogar Fotos, die mit einer Sofortbildkamera erstellt wurden und das „Vorher – Nachher" des Gesundungsprozesses dokumentierten.

Die Erfolgsgeschichte der VITALGRUPPE HWK

Die Erkenntnisse zu den Möglichkeiten, Gesundheit „pur Natur" zu verbessern, vermittelten mir Mut, 2012 die gemeinnützige Initiative „Qualität und Gesundheit – Agenda 2020 e. V." zu gründen (kurz „Q" genannt) und 2014/2015 mit der Handwerkskammer Trier das 12 Monate-Seminar „VITALGRUPPE HWK"* als Testlauf für das PROJEKT VITAL *E. B. L.* durchzuführen.

Auszug der HWK-Pressemitteilung nach Seminarabschluss: „Unter Berücksichtigung altersbedingt zunehmender Fehltage hat die Vitalität, Fitness und Leistungskraft der Teilnehmer im Mittel um 14 % zugenommen."

Nachhaltigkeitsbewertung Dr. Manfred Bitter, HWK-Hauptgeschäftsführer, Seminar-Teilnehmer:

„Das Seminar hat zu einem Bewusstseinswandel in Sachen Gesundheit und Fitness beigetragen."

Kommentar Auszubildender Bayram Akgül: „Seit dem Seminar ernähre ich mich bewusster und übernehme Verantwortung für meine Gesundheit. Auch meine Familie profitiert von diesen Erfahrungen. Insgesamt fühle ich mich wohler als bisher."

Küche der Ursprünglichkeit – Wohlbefinden mit Genuss

Die klassischen Formen der chinesischen, türkischen, italienischen und französischen Küche haben große Traditionen und anerkennenswerte Verdienste für ihre Impulse zur Verfeinerung der weltumspannenden kulinarischen Entwicklung.

Ernährungsbasis des PROJEKT VITAL *E. B. L.* ist die von Renate Heinen entwickelte, vergleichsweise unkomplizierte KÜCHE DER URSPRÜNGLICHKEIT. Auch berühmte Köche wie Harald Wohlfahrt, der häufig als „Deutschlands Koch Nr. 1" bezeichnet wurde, und Fernsehstar Johann Lafer haben dazu Rezepte geliefert. Solche Speisen begeistern mit dem charakteristischen Geschmack wertreicher Lebensmittel aus der Heimat und zudem durch den außergewöhnlich hohen Gehalt an zellschützenden Antioxidantien. Wichtige Zutat dieser genuss- und wertreichen Küche ist *Traubenkernmehl* – siehe Kapitel „DER RIESLING UND SEIN KERN – Kandidat für das Siegerpodest unter den Weißweinen der Welt".

Mit viel Lebensfreude zum Ziel „*Gesunde Zukunft Deutschlands*" (*GZD*)

Der gute Start: Das unterhaltsam mit Genuss und Vergnügen erlebte PROJEKT VITAL *E. B. L.* stärkt Immunsystem und Selbstheilungskräfte: Voraussetzung für Vitalität und Fitness und stabilen Schutz vor Viren, Bakterien und anderen Krankheitsauslösern – ohne Risiken und Nebenwirkungen.

Der sichere Weg: Gesunde und lebensfrohe, zufriedene und zuversichtliche Menschen erleben mit wachsender Leistungsfähigkeit Erfolge in Schule, Sport und Beruf.

Das erreichte Ziel: Das Leben mit der Gesundheit und Glück bringenden Formel *E. B. L.* garantiert nicht nur Schwung auf dem *Königsweg* zu Vitalität und Fitness, Lebensqualität und Leistungskraft bis ins hohe Alter, sondern auch das Gestalten und Bewahren einer intakten Umwelt sowie Zufriedenheit in der Gemeinschaft eines friedvoll-erlebnisreichen „Miteinanders“, das nach dem dramatischen „Auseinander“ der Corona-Krise von besonderer Bedeutung ist.

Sechs Hinweise für den Königsweg zu nachhaltiger Gesundheit

Vorsicht beim Kauf von Produkten, die laut Zutaten-Liste *Zusätze* enthalten

Zutaten können gut sein. Viele ***Zusätze***, die prächtiges Aussehen, lange Haltbarkeit sowie vordergründig intensiven Geruch und Geschmack erzielen sollen, sind jedoch problematisch: Für zahlreiche der rund 300 in der EU zugelassenen, kennzeichnungspflichtigen Zusätze sind bei stetem Verzehr Nebenwirkungen belegt, und in der Summe führen sie zu einer Gefährdung des Immunsystems. Gute Lebensmittel haben es nicht nötig, „aufgehübscht“ zu werden. Sie punkten mit naturgegeben sortentypischen Eigenschaften in Farbe, Geruch und Geschmack – charakteristische Anzeichen für hohen Wertstoffgehalt.

Kaufen Sie kein Produkt aus Massentierhaltung

Fleisch, das mit Turbomast in Massentierhaltung erzeugt wird, ist zum Verzehr ungeeignet, weil die Tiere in nicht artgerechter Haltung Qualen erleiden und schlecht ernährt werden. Verbraucher sind zudem durch Antibiotika gefährdet, die man den

Tieren verabreicht, damit sie, trotz drohender Krankheitsgefahren, „Schlachtreife“ erreichen. Unter anderem mit der Folge, dass bei den Fleischkonsumenten vermehrt *Multiresistente Keime* als Gesundheitsbedrohung auftreten.

Reduzieren Sie beim Einkauf den Anteil an Neuzüchtungs-Produkten

Die in Jahrtausenden der Evolution entstandene Besten-Auswahl natürlich wertreicher Lebensmittel ist – ohne jeden Zusatz – reich an zellschützenden Antioxidantien (v. a. Sekundäre Pflanzenstoffe und Vitamine). Die charakteristische Geschmacksfülle klassischer Sorten garantiert damit unverfälschten Genuss, Fitness und Vitalität – vollkommen frei von Nebenwirkungen und Risiken.

Bauen Sie Ihr eigenes Logistik-Netz mit Erzeugnissen aus der Region auf

Wer bei qualitätsorientierten Bauern, Bäckern, Hofläden und Einzelhändlern der Region die besten pflanzlichen Lebensmittel erwirbt, erzielt mit geringerer Warenmenge und weniger Gewicht einen deutlichen Mehrwert gesundheitsfördernder Inhaltsstoffe. Die Gefahr, unbedacht mit Blick auf Billigpreise Minderwertiges zu erwerben, ist damit gebannt. Man spart durch diese Sorgfalt beim Lebensmittelerwerb auch Zeit, weil der Einkauf beim persönlichen Netzwerk guter Lieferanten ohne lange Produktsuche besser planbar wird.

Genießen Sie Ihre motivierenden Gewinne durch die Formel *E. B. L.*

Menschen, die das *Projekt VITAL E. B. L.* zum Nutzen des eigenen Wohlergehens realisieren, erleben schon nach wenigen Monaten Fortschritte bei Fitness und Lebensqualität, die im Alltag, im Beruf oder im Sport ohne Krampf, Stress oder Druck von außen erzielt werden. Wer sich dieses persönlichen

Gewinns durch die Urkraft der Natur bewusst wird und zum Beispiel Verbesserungen bei seiner Leistungsfähigkeit und Belastbarkeit erkennt, hat die beste Motivation, um das Leben nach der Formel *E. B. L.* mit Lust und Laune weiterzuführen.

Fördern Sie die Wiederentdeckung anregender Geselligkeit

Lebensmittel aus der eigenen Region vermitteln bei entspannenden Mahlzeiten im Familien- oder Freundeskreis das angenehme und psychologisch wichtige Gefühl von Heimat und Gemeinschaft.

Die Familie als Retter der Natur und Garant für Deutschlands gute Zukunft

Wenn das PROJEKT VITAL *E. B. L.* mit guter Ernährung, Bewegung und Lebensführung für Eltern selbstverständliche Lebensregel ist, sichern sie ihrem Nachwuchs die besten Chancen im Leben – und sich selbst vorbeugend Entlastung von Flegeljahren, die in anderen Familien häufig mit dem Beginn der Pubertät auftreten.

Ein Leben nach der Formel *E. B. L.* trägt dazu bei, dass sich in den Familien statt gesundheitlichem Abstieg durch Fehlernährung, der in psychischen Belastungen und Streit mündet, eher Lebensfreude und Harmonie entwickeln. Schlechte Laune der Kinder, viel Adrenalinausstoß, häufiges „Ausflippen" in der Pubertät und der Drang nach „Aufmunterung" durch Aufputschmittel, Drogen- und andere Abhängigkeiten werden so vermieden. Erkenntnis in Sachen „bad news":

Um Untaten zu vermeiden, sind Eltern dafür verantwortlich, bei ihren Kindern eine intakte Psyche in einem gesunden Körper zu entwickeln („Mens sana in corpore sano" – „Gesunder Geist in gesundem Körper“). Kapitel „Fehlernährung – Unmittelbare Folgen und die Folgen der Folgen bis zum Absturz in die *Ich-Ich-Ich-Sucht*“. Die konsequente Anwendung der FORMEL *E. B. L.* garantiert, dass Untaten/„bad news“, ausgelöst nach einem Mangel an natürlich gesundem Selbstwertgefühl durch fehlende Lebensfreude mit den Folgen von Frustration, Hass und Gewaltbereitschaft, sicher vermieden werden.

Die Lebenschancen der Kinder liegen in der grundlegenden Verantwortung der Eltern

Beim Faktor Lebensqualität der Kinder sind die Mütter in besonderem Maße angesprochen, nicht nur als Köchin, sondern auch schon vorgeburtlich, indem sie sich gut ernähren und so dafür sorgen, dass ihr Nachwuchs gesund ist, wenn er das Licht dieser Welt erblickt. Dass Väter und Großeltern nach der Geburt ein hohes Maß an Mitverantwortung tragen, zeigen positive Kausalfolgen, wenn gute Ernährung als Fundament der Lebensqualität selbstverständlich geworden ist:

Gemeinsam genossene gute Mahlzeiten mit wertreichen Lebensmitteln stärken nicht nur Körper und Geist. Das tägliche Erleben des Zusammenseins mit Essgenuss und guter Laune ist eine Form anhaltender Lebensfreude, die, nicht nur beim Nachwuchs, das Abdriften in Ersatzbefriedigungen wie Süßwaren-Naschen, Smartphone-Daddeln, Bildschirm-Starren, Drogen und Flucht in die Online-Scheinwelt verhindert. – Der weltberühmte Bergsteiger und Arktiswanderer Reinhold Messner wuchs mit sieben Geschwistern in einer Zeit auf, die noch frei war von Online-Abhängigkeiten. Als Familienvater kommentierte er 2019 in einem Interview der Zeitschrift *natur*: „Kinder spielen mit ihren Handys statt miteinander. – Ich glaube, dass das Netz uns früher oder später stranguliert.“

Die größte Chance und gleichzeitig größte Verantwortung für das Durchstarten in eine bessere Zukunft, von der insbesondere die nachwachsenden Generationen profitieren können, haben offenbar die Familien: Eltern und Großeltern müssten sich zunächst selbst – und dann den Nachwuchs – überzeugen, dass der Königsweg zu Gesundheit und Lebensglück nur durch eine Eigeninitiative ZUM PERSÖNLICHEN WOHLERGEHEN mit der klassischen FORMEL *E. B. L.* beschritten werden kann.

Wenn diese Leitlinie der natürlichen Entwicklung physischer und psychischer Stabilität mit der Devise „Jeder ist seines Glückes Schmied" ignoriert wird, ist der humane Abstieg in Krankheiten und Frustration mit dramatischen Folgen bis zu kriminellen Untaten vorprogrammiert. Tatsächlich machen sich Eltern mitschuldig, wenn der Nachwuchs Verbrechen begeht – und müssten deshalb für die auf ihr Versäumnis folgende Kriminalität als Mittäter gerichtlich belangt werden.

Familien auf dem Königsweg zum Glück: „Every day for Future and for Family!"

Ob bei den alltäglichen drei Mahlzeiten oder einer festlichen „Gala vital" aus besonderem Anlass – Eltern und Großeltern sind gut beraten, wenn sie sich zum Nutzen der Familie durch Wissensaufnahme und praktische Anwendung auf ein Ziel konzentrieren, das überzeugend definiert werden kann: *Gesund und glücklich mit der Urkraft der Natur.*

Es gilt einfach, gemeinsam Gutes zu essen und im entspannten Miteinander nach der FORMEL *E. B. L.* ein harmonisches Familienleben zu genießen, das Kindern, Eltern und Großeltern das Streben nach hoher Lebensqualität erfüllt.

Dass dieser Menschheitstraum von familiärem Wohlbefinden, Lebensfreude und allseitiger Zufriedenheit nicht in Erfüllung geht, wenn Bequemlichkeit und Geiz der „Schnäppchen-Jagd" das gesunde Miteinander schon durch Einkauf und Verzehr minderwertiger Lebensmittel gefährden, sollte Allgemeinwissen sein. Mit der gesundheitlichen Stabilisierung gewinnen die Kinder, wie alle anderen Familienmitglieder, ein gesundes Selbstwertgefühl und jenes Heimatgefühl, das von Psychologen als Voraussetzung für Sicherheit und Zuversicht angemahnt wird.

Für ein Familienleben mit guter Ernährung, effizienter Bewegung und natürlicher Lebensführung (die FORMEL *E. B. L.*) gilt ein Leitsatz, der den Slogan der Jugend-Demo-Bewegung zeitgemäß erweitert: Every day for Future and for Family!

Klartext für Kinder – Impulse für körperliche und geistige Stabilität

Kinder, die in ihren Familien mit der Formel *E. B. L.* aufwachsen und diese Form der Lebensführung nicht als zwanghaft, sondern mit Lust und Laune als ganz selbstverständlich empfinden, sind aufgeschlossen für lebenslanges Lernen. Eine wichtige Voraussetzung dafür sind Eltern und Großeltern, die nicht um Tatsachen „herumeiern", sondern vorleben, wie Ehrlichkeit, Offenheit und Geradlinigkeit das Zusammenleben erleichtern. Siehe Kapitel „Stabil gesunde Bürger fördern Zusammenhalt und inneren Frieden in einem demokratisch stabilen Deutschland".

Damit Eltern und Großeltern die Anleitung zum Ziel psychischer Stabilität des Nachwuchses erleichtert wird, können sie zur Information und Motivation die Klartext-Beiträge seriöser Presseorgane nutzen: Artikel, die unumwunden auf Tatsachen eingehen und so Ursachen und Folgen vom menschlichen Abstieg einerseits und Aufstieg andererseits erläutern, sind auch im Alltag der Jugendlichen eine praktische Hilfe auf dem Weg zu Ehrlichkeit, Offenheit und Geradlinigkeit – Schutz vor Streit und Spaltung, Plus für Miteinander und Zusammenhalt. Siehe Kapitel „Statt *Dschungel der Gesundheitstipps* Klartext-Information mit hoher Effizienz".

Dass es trotz bedenklicher Entwicklungen in „Sozialen Netzwerken“ noch Autoren gibt, die sich zum Nutzen ihrer Leserinnen und Leser an Geradlinigkeit als Grundregel publizistischer Ethik halten, zeigen nachstehende Textauszüge zu Kernthemen des PROJEKT VITAL *E. B. L.* – verfasst von Journalisten, die mit dem „EHRERN-RUHRI FÜR GERADLINIGKEIT“ ausgezeichnet wurden.

THEMA „Umweltzerstörung und Klimakatastrophe“

Peter Reinhart, stellvertretender Chefredakteur Tageszeitung *TRIERISCHER VOLKSFREUND*, in seiner Kolumne „FORUM“ zur notwendigen Wende in Sachen naturnaher Lebensführung:

„Es braucht besondere Ereignisse (vierzig Grad), es braucht besondere Menschen (Greta Thunberg), die uns aufwecken (vielleicht sogar die Politik?!), bevor sich wieder Überdruss und Ermüdung breitmachen und die Themen sich verflüchtigen, irgendwo im Nirgendwo.“ – „Warum braucht es immer so unheimlich lange, bis die Leute kapieren, dass sie dabei sind, sich und womöglich die ganze Welt zugrunde zu richten?“ – Und der letzte Satz des Beitrags: „Hallo Erdlinge, aufwachen!“

THEMA „WÄHLER-TREND ZUR INTAKTEN NATUR – WANDEL IM POLITIKER-PROFIL“

Hans-Ulrich Jörges, Autor der wöchentlichen Kolumne „Zwischenruf aus Berlin“ in der Zeitschrift *stern*, zur Wandlung von CSU-Chef und Bayerns Ministerpräsident Markus Söder:

„Söder machte sich ein Volksbegehren zum Artenschutz zu Eigen, säte Blühstreifen und gab drei Bienenvölkern im Garten der Staatskanzlei Asyl. Was engstirnig, eisig und spalterisch an ihm war, wurde weitherzig, warm und versöhnlich. Ein Neudesign, wie es die Politik noch nicht gesehen hat: Nachtschwarz zu Frühlingsgrün.“

THEMA „DEMOSKOPISCHE ENTWICKLUNG – PROBLEM ÄLTERE GENERATION“

Giovanni di Lorenzo, Chefredakteur der Wochenzeitung *DIE ZEIT* im „Editorial“ zur Diskriminierung des Alters: „Es gibt in unserer, jede Form von Rassismus anprangernden, Gesellschaft nur noch eine Art der Diskriminierung, der man völlig ungehindert frönen darf. Die Herabsetzung der Alten. Als wäre mit dem Eintritt ins Rentenalter der direkte Übergang in die Unzurechnungsfähigkeit besiegelt.“

VITAL BIS 100 – GESUND & GLÜCKLICH MIT DER URKRAFT DER NATUR

Antioxidantien aus guten Lebensmitteln sind als Grundlage stabiler Gesundheit in jedem Alter wichtig, für Seniorinnen und Senioren jedoch in besonderem Maße: Da ältere Menschen naturgemäß weniger essen, sollten sie diese Wertstoffe über eine Ernährung mit der BESTEN-AUSLESE DER NATUR aufnehmen, also mit von Natur aus hochwertigen und unverfälschten Lebensmitteln – die beste Grundlage, um Leid und frühen Tod zu vermeiden. Eine kluge, natürliche Lebensführung, deren Bedeutung durch aktuell ermittelte statistische Fakten bestätigt ist:

Das Robert Koch-Institut RKI hat ermittelt, dass nahezu 90 % der Menschen, die an Covid-19-Erkrankungen starben, älter als 70 Jahre waren. Begründung: Das Todesrisiko ist in dieser Altersgruppe durch Vorerkrankungen wie Herz-Kreislauf, Lunge, Leber, Diabetes, Krebs und vor allem durch ein geschwächtes Immunsystem besonders hoch.

Den Alterungsprozess von Körper und Geist verlangsamen

Wie klar der Weg zum Wohlbefinden in einem langen Leben vorgezeichnet ist, haben US-Wissenschaftler* nach Auswertung zahlreicher Studien 1999 in einem Satz zum Thema „Anti-Aging" auf den Punkt gebracht: „Die Ergebnisse der Studien weisen darauf hin, dass der Verzehr von Früchten und anderer pflanzlicher Nahrung mit hohen ORAC-Werten den Alterungsprozess von Körper und Geist verlangsamen kann." Ein Leitgedanke als Alternative zu Gesundheitsgefahren, die durch anhaltenden Medikamentengebrauch entstehen und unter anderem in der *Beers-Liste* in den USA mit zahlreichen Arzneimittelwirkstoffen veröffentlicht wurden, die älteren Menschen besonders schaden können (in Deutschland: *PRISCUS-Liste*). Mehr als 100.000 Medikamente sind in Deutschland zugelassen. Die Stiftung Warentest macht darauf aufmerksam, dass viele, darunter auch sehr bekannte, Arzneimittel in Untersuchungen die schlechteste Bewertung „wenig geeignet" erhalten haben.

Eine Vergleichsstudie „Fleisch oder pflanzliche Lebensmittel" der medizinischen Universität Harvard in Boston und der Universität Mailand mit 131.342 Menschen hat ermittelt, dass Proteine hochwertiger pflanzlicher Lebensmittel die Lebensdauer verlängern.

Jeder hat die Chance, das umzusetzen, was führende Wissenschaftler raten – z. B. die kalifornische Universität Berkeley, die dem Verbraucher empfiehlt, jene „Champions unter den Lebensmitteln" zu wählen, die ohne Zusätze gut schmecken und mit einem hohen Potenzial an natürlichen Antioxidantien stabiler Gesundheit, „Anti-Aging" und Vitalität bis ins hohe Alter dienen.

---

* US Department of Agriculture, Agriculture Research Service Jean Mayer Human Nutrition Research Center on Aging at Tufts University Boston, USA.

Fehlernährung als Ursache für einen sozialen „Supergau"

Führende Experten, die den Mut haben, das anzusprechen, was angesichts vorliegender Zahlen errechenbar ist, befürchten, dass ein sozialer Supergau droht, bei dem die ständig steigenden Kosten für Krankheiten nicht mehr finanzierbar sind, weil anhaltende Fehlernährung zu immer mehr Krankheiten mit zunehmender Dauer und steigenden Kostenbelastungen führt. Ein Beispiel:

Die Zahlen der Bundesanstalt für Arbeitsschutz und Arbeitsmedizin weisen aus, dass etwa ein Drittel deutscher Arbeitnehmer vor Erreichen der Pensionsgrenze arbeitsunfähig wird.

Wenn Deutschland diesen sozialen und ökonomischen Abstieg verhindern will, braucht das Land eine Lebensmittel-Diskussion jetzt und ohne Beschönigung. Und wer dabei anklagend auf die Nahrungsmittelindustrie weist, lenkt vom eigentlich Schuldigen ab, nämlich vom Verbraucher, der über die Maxime „Hauptsache billig und bequem!" die Nahrungsmittelindustrie motiviert, billige minderwertige Produkte auf den Markt zu bringen. Genauso wird verdrängt, dass jeder, der mit „Geiz ist geil" einkauft, zum heimlichen Tierquäler wird, weil er „Preistreiberei nach unten" erzwingt und damit den Methoden der Turbomast Vorschub leistet.

Die ausgebeutete Leistungsklasse der Gesunden und Vitalen

Wenn Karl Marx heute noch einmal antreten könnte, würde er vermutlich nicht Arbeiter als ausgebeutete Klasse ausmachen, sondern – quer durch alle Schichten – die Leistungsklasse jener Frauen und Männer, die ihr Wohl auf der Grundlage einer optimalen Ernährung in die eigene Hand nehmen und mit der so gewonnenen Kraft einen Beitrag zum Gemeinwohl leisten. Arbeitnehmer also, die in einem effizienten Arbeitsleben viel leisten und stabil gesund ihre Krankenversicherung kaum in

Anspruch nehmen – bis zur Pensionierung und häufig auch darüber hinaus.

Karl Marx hat nicht erleben müssen, wie rücksichtslose, angeblich „linientreue“ Schmarotzer seine Grundsätze, die der Gerechtigkeit dienen sollten, zum lähmenden und für Menschlichkeit, Gerechtigkeit und Volkswirtschaft gleichermaßen gefährlichen Teil einer Diktatur zunehmender Bequemlichkeit pervertierten. – Er wäre vermutlich auch geschockt vom gesundheitlichen und sozialen Niedergang im 21. Jahrhundert, der sich auf dem Nährboden von Unwissen und Schönreden, Ignoranz und Raffgier entwickelt hat.

Die real existierende Nahrungs-Gleichmacherei mit minderwertiger Ernährung hat Nachkriegstrends wie „Fresswelle“, „Einrichtungswelle“, „Sexwelle“ oder „Mobilitätswelle“ als angebeteter Popanz unserer Zeit abgelöst – und dadurch Gesundheit und Glück vor allem im Alter geschadet. Daten des Robert Koch-Institutes weisen aus, dass die Lebenserwartung im ärmeren Teil der Bevölkerung deutlich niedriger ist als bei Menschen mit hohem Einkommen. – Dagegen gehen jene Menschen, die sich mit Hilfe der FORMEL *E. B. L.* von dieser Entwicklung lösen, unabhängig von der Höhe ihres Einkommens, einen sicheren Königsweg zum Ziel „VITAL BIS 100“.

Der Waldspaziergang und sein vielfacher Nutzen für Körper, Geist und Gefühl

Das „***L***“ der klassischen Formel *E. B. L.* steht für „naturnahe ***L***ebensführung“; und auf die Frage, wie dieser wichtige Vitalfaktor am besten realisiert wird, gibt es eine einfache Antwort, bei der auch der Vitalfaktor „***B***“ einbezogen ist: Erholsame ***B***ewegung im intakten Wald erbringt den höchsten Nutzen für

Körper, Geist und Gefühl. Ein Spaziergang, der möglichst täglich genossen werden sollte und sich für Hundebesitzer ohnehin verpflichtend anbietet.

Die Krone der Mobilität ist die Bewegung auf den eigenen Beinen

Gesundheitsgefährdende Bewegungsarmut wird in vielen Studien dokumentiert und ist Auslöser tausender Tipps, wie man dem Trend zu Stubenhockerei, Bildschirm-, Smartphone- und Online-Abhängigkeiten – verbunden mit zunehmendem Übergewicht sowie Beschwerden u. a. am Rücken und an den Gelenken – am besten begegnen kann. Wegen seiner hohen Gesundheitseffizienz wird der Waldspaziergang von Forschern als optimal zur Überwindung von Bewegungsarmut empfohlen.

Die Gründe werden unter den nachfolgenden Stichworten erläutert:

Lunge und Arterien

Wissenschaftler Südkoreas haben in einem Vergleich mit Stadtspaziergängen belegt, wie viel mehr ein Waldspaziergang bewirken kann: Die Kapazität der Lungen und die Elastizität der Arterien wurden vor und nach den Spaziergängen überprüft. Bei den 43 Frauen, die sich an Waldspaziergängen beteiligten, konnten Verbesserungen der Lungenkapazität und der Elastizität der Arterien ermittelt werden, bei den 19 Stadtspaziergängerinnen hatte sich nichts verändert.

Erklärung: Atemluft in intakten Wäldern enthält etwa 90 % weniger Feinstaub als auf städtischen Straßen, einen hohen Sauerstoffgehalt, ätherische Düfte und Terpene. Diese bioaktiven Substanzen können Lungenembolie verhindern, durch die in Deutschland jährlich über 40.000 Menschen sterben. Laut Studienergebnissen helfen sie auch bei akuten Infektionen, bei der Stabilisierung des Immunsystems und sogar in der Krebsvorsorge.

Kreislauf – Herz – Stimmung

Japanische Forscher konnten in Vergleichsstudien „Wald gegen Stadt" beweisen, dass Waldspaziergänge Herz und Kreislauf stärken und so vor Infarkt und Schlaganfall bewahren. Britische Forscher ermittelten, dass Spazierengehen im Wald gute Laune vermittelt, Stress abbaut und das Selbstwertgefühl stärkt.

Wirbelsäule – Muskeln und Gelenke

Untersuchung der „DAK-Gesundheit" unter dem Titel „Rückenschmerzen in Deutschland":

2003 klagten 55 % der befragten Deutschen über Rückenschmerzen. 2017 waren es bereits 75 %.

Offensichtlich mit steigender Tendenz, die sich auch aus aktuellen Zahlen ablesen lässt:

» Etwa 80 % der Deutschen leiden irgendwann unter Rückenschmerzen.
» 1,5 Millionen Arbeitnehmer haben Rückenschmerzen – 200.000 chronisch.
» Im ersten Halbjahr 2019 wurde jeder fünfte Fehltag durch Rückenprobleme verursacht.

Anders als auf städtischen Strecken oder auf Laufbändern hat Bewegung im Wald nachhaltig positive Auswirkungen – u. a.: Das Gehen auf unebenen Böden fordert Muskeln und Faszien, auch die Rückenmuskulatur und Gelenke. Kostenlose „Fußsohlenmassage" ist ebenso inklusive wie die Verhinderung von Fersenschmerzen, die von Orthopäden z. B. mit Stoßwellen-Geräten behandelt werden. Waldspaziergang ist eine optimale natürliche Form der Bewegung, die Beschwerden, die durch zu viel Sitzen hervorgerufen werden, vermeidet oder heilt.

Augen – Sehkraft

Die in Deutschland zunehmende Kurzsichtigkeit mit der Folge von Augenerkrankungen und eingeschränkter Sehtüchtigkeit bis hin zur Blindheit entwickelt sich, wenn die Augen durch „Stubenhocken“ zu wenig hellem Tageslicht ausgesetzt werden. Im Wald herrscht an sonnigen Tagen selbst im Schatten eine Lichtstärke von etwa 10.000 Lux.

Der Blick ins Grüne und die Psyche

Kranke genesen schneller und brauchen weniger Medikamente, wenn sie vom Klinikbett statt auf Straßen und Häuser auf grüne Natur schauen können. Dieses Ergebnis einer Studie aus 1984 und einer erweiterten Metaanalyse späterer Studien im Jahr 2017 wurde von Wissenschaftlern neben der Wirkung durch bessere Atemluft auch psychologisch erklärt: Die natürlich entspannende und positiv stimmende Urkraft des „Blicks ins Grüne“.

Wichtig für die Hunde

Die „Lieblinge auf vier Pfoten“ können durch „Gassigehen“ auf Straßen bei hohen Temperaturen Gesundheitsschäden wie Brandblasen an den Pfoten und geschwollene Haut erleiden. Das wird beim erfrischenden Spaziergang im schattigen Wald vermieden. Ähnlich wie Frauchen und Herrchen genießen Hunde zudem die vorstehend beschriebenen positiven Wirkungen, die ihre Gesundheit bis ins hohe Hundealter stabilisieren.

Das Credo von „Deutschlands Wald-Hüter“ in der Zeitschrift *stern* vom 22. August 2019

Peter Wohlleben aus der Eifel hat sich als Hüter von Deutschlands Wäldern profiliert. Er ist davon überzeugt, dass die Natur eine positive Wirkung auf die Menschen hat und dass jeder, der diese Erfahrung macht, bereit ist, die Umwelt besser zu schützen. – Zitat: „Ich möchte den Wald so schonend wie möglich behandeln."

Waldpädagogik als Teil der Bildungsinhalte im Landeswaldgesetz

Die Arbeitsgemeinschaft Natur und Umweltbildung Rheinland-Pfalz e. V. (ANU RLP) fordert die Aufnahme der „Waldpädagogik" in das Landeswaldgesetz. Die ANU RLP argumentiert, dass dieser Schritt in anderen Bundesländern bereits vollzogen und zudem Teil des Weltaktionsprogramms der UNESCO sei. Hintergrund ist unter anderem das Waldsterben: Etwa 80 % der Bäume sind heute schon krank und der Klimawandel bedroht weiterhin vor allem einheimische Fichten und Lärchen, die an kühlere und feuchtere Wetterverhältnisse gewöhnt sind.

Die Bundes-Bürger-Initiative Wald-Schutz (BBIWS) hat angesichts der Gefahr des „Weiter-wie-bisher" (Zitat) eine Petition gestartet, um das „Ökosystem Wald" zu schützen. 105.553 Bundesbürger haben die Aufforderung für eine rasche „Waldwende" unterschrieben.

Dass Holz bei anhaltender Dürre knapp und teuer wird, ist eine der befürchteten Folgen des Waldsterbens. Als noch wichtiger erscheint heute jedoch die unmittelbare Auswirkung auf die Klimaschutzfunktion und Luftreinhaltung des Waldes.

NATUR TUT GUT UND GIBT DEM MENSCHEN MUT

Auch ohne die Vermittlung durch Waldpädagogik lohnt es sich, in Wäldern, die noch weitgehend intakt sind, spazieren zu gehen. – Der Leitgedanke „Natur tut gut und gibt dem Menschen Mut" ist vielfach belegt, u. a. durch die zertifizierte Wirkung des „Kur- und Heilwaldes" in Heringsdorf auf der Insel Usedom. Eine von vielen Studien, mit denen die für Geist und Körper heilsame Wirkung des Waldes bestätigt wurde.

Die britische Universität Exeter geht als Ergebnis einer Studie davon aus, dass bereits zwei Stunden Waldaufenthalt pro Woche das Wohlbefinden nennenswert steigern können. Die dänische Universität Aarhus fasst das Ergebnis ihrer Waldstudie in einem Kernsatz zusammen:

„Ein grünes Umfeld kann Erholungsphasen, körperliche Aktivität und soziale Kontakte fördern."

Die dänischen Forscher betonen, dass der Wald insbesondere die körperliche und geistige Gesundheit von Kindern stabilisiert. – Eine Anregung für Eltern und Pädagogen, Ausflüge in gesunde Waldregionen zu organisieren.

In Kanada ergab eine Studie, dass Menschen, die in „grünen Gebieten" wohnen, deutlich weniger an Herz-Kreislauf-Erkrankungen und Diabetes leiden. Japanische Forscher der Nippon Medical School ermittelten in einem Test bei den Teilnehmern, die an drei Tagen insgesamt sechs Stunden im Wald spazieren gingen, dass der natürliche Zellschutz bereits nach dieser kurzen Zeit erheblich erhöht war und gleichzeitig die Belastung durch Adrenalin und Noradrenalin (Stresshormone) zurückging.

Untersuchungen von Universitäten u. a. in Montreal, Kanada, San Diego und Philadelphia, USA, sowie Dublin, Irland, belegen, dass die Leistungen des Gehirns – unter anderem durch die Gesunderhaltung und Entwicklung der Synapsen (Kontaktstellen zwischen den Nervenzellen des Gehirns) mit der richtigen Lebensführung auch im Alter erhalten und entwickelt werden können.

Der GARTEN EDEN liegt ganz nah – ein Beitrag zum Leitsatz *„EVERY DAY FOR FUTURE“*

Ob spezielle „Heilwälder“, Angebote von „Waldbädern“ oder andere Spezial-Programme – die Nutzanwendung, körperliche und geistige Gesundheit durch Entspannung und weitere positive Wirkungen des Waldspaziergangs zu verbessern – ist – im Sinne des Wortes – naheliegend. Ein schöner und guter Wald ist häufig schon in unmittelbarer Umgebung des Wohnortes zu finden.

Eine Erkenntnis, die einen Leitgedanken bestätigt: „Der GARTEN EDEN liegt ganz nah!“

Der Waldspaziergang und seine Vorteile auf einen Blick

RÜCKEN
Wechselnde Fußbelastungen lockern die Wirbelsäule

GELENKE
Ideales Dauertraining für Fuß-und Kniegelenke

MUSKELN
Unebene Naturwege regen die Muskeltätigkeit an

LUNGE
Die beste Luft mit dem höchsten Wertstoffgehalt

PSYCHE
Der Blick ins Grün tut immer gut

Genuss macht schlank! Mit Lust und Laune aus Übergewicht und Fettsucht

Statistische Daten der „Moppel-Liga" – Problembelastungen für die Nation

Nach Umsatzauswertung aller Mitgliederbetriebe konnte der Bundesverband der Deutschen Süßwarenindustrie 2019 feststellen, dass die Bundesbürger trotz aller Ermahnungen wieder mehr Süßigkeiten als im Vorjahr genascht hatten: durchschnittlich 31 kg pro Person. Das Robert Koch-Institut ermittelte in seiner „Kiggs-Studie" zum Thema „Kinder-Gesundheit und Fast Food" nach Auswertung aller Umfragen im Jahr 2018, dass etwa ein Viertel der 12- bis 17-Jährigen regelmäßig Pommes, Burger, Döner und ähnliche Produkte verzehrt. Eine tägliche Energiezufuhr, die bei Jungen mit mehr als 180 und bei Mädchen mit 126 Kilokalorien errechnet wurde.

Die Anzahl übergewichtiger, zum Teil fettsüchtiger Deutscher ist im globalen Vergleich in den zurückliegenden Jahrzehnten weit überdurchschnittlich gestiegen. In der EU liegt Deutschland mit einem Anteil von mehr als 50 % übergewichtiger Menschen auf Platz eins. – Zitate aus der Zeitschrift *Spiegel*: „Deutsche haben in der Moppel-Liga den Bauch vorn" und „Dick, dicker, deutsch".

Kinder und Jugendliche sind immer öfter betroffen, jedoch tragen sie aufgrund des von Erwachsenen vorgelebten Lebensstils an diesem Zustand meist keine Mitschuld. Der gesundheitliche Abstieg zur Adipositas (Fettleibigkeit) ist in sozial schwachen Haushalten besonders ausgeprägt. Dort werden Billigwaren der industriell gefertigten, fettreichen Schnellgerichte besonders häufig konsumiert: „Nanofood", das durch appetitanregende

Zusatzstoffe das Gehirn manipuliert und dazu verleitet, ohne Sättigungsgefühl fortlaufend zu essen. Ein Teufelskreis, denn mit der Aufnahme solcher opiatartigen Zusätze kann auch die schwerwiegende Folge der Abhängigkeit verbunden sein – und bei vielen Übergewichtigen der Griff zu gewichtsreduzierenden Medikamenten, der wiederum mit einem hohen Risiko an Nebenwirkungen verbunden ist.

Der ästhetische Nachteil eines erhöhten Körpervolumens kann zum Verlust des Selbstwertgefühls führen und – mit Krankheiten wie Herz-Kreislauf-Problemen, Gelenk- und Knochenschäden oder Diabetes – zur wachsenden physischen und psychischen Instabilität. Ein Problem für Staat und Gesellschaft, denn die daraus resultierenden Krankheiten verschlingen jährlich viele Milliarden Euro der Krankenkassen und öffentlicher Mittel. – Auch aus ökonomischen Gründen ist gute Ernährung mit wertvollen Lebensmitteln aus der eigenen Region ein Königsweg, der mit dem Genuss wertvoller Lebensmittel als Grundlage der FORMEL *E. B. L.* nicht nur Übergewicht und Fettsucht, verbunden mit körperlichem und seelischem Abstieg, vermeidet, sondern ganzheitlich zur Lebensfreude führt.

Schönheit von innen durch die natürlichen Wertstoffe unverfälschter Lebensmittel

Kollagen gilt als wichtigste Grundlage für eine schöne Haut und wird in vielfältiger Form, vor allem in Cremes, aber auch in Pulverform und Tabletten, Trinkampullen und Nahrungsergänzungskapseln, als Mittel gegen Faltenbildung und Hautalterung angepriesen. Tatsächlich werden Flexibilität und Elastizität der Haut jedoch in erster Linie durch das Zusammenwirken zahlreicher natürlicher Wirkstoffe erhalten, die der Körper beim Verzehr hochwertiger Lebensmittel aufnimmt: Die Stoffgruppe der Antioxidantien sorgt dafür, dass Körperzellen intakt bleiben; diese Schutzwirkung gilt auch für die Zellstruktur der Haut. Forscher der University of St. Andrews in Schottland haben ermittelt, dass Carotinoide in pflanzlicher Nahrung – z. B. Karotten, Tomaten, Kürbisse, Spinat, Grünkohl und Brokkoli – zudem für einen schönen Teint sorgen.

In Beauty-Produkten werden häufig Naturextrakte verwendet, die in den Mitteln konzentriert sind. Womit sich die Frage stellt, ob es – dank Mehrfach-Nutzen – nicht nur für die Hautgesundheit, sondern auch insgesamt für Fitness, Vitalität und Leistungskraft sinnvoller ist, die ausgelobten Substanzen in ihrer ursprünglichen Form und mit der ganzen Vielfalt von Inhaltsstoffen im natürlichen Lebensmittel zu genießen. Eine Frage, die durch Forschungsergebnisse eindeutig beantwortet ist: Antioxidantien und andere Substanzen, die dazu beitragen, Körperzellen intakt zu erhalten, erzielen den besten Nutzen im Zusammenwirken. Siehe Kapitel „Von Jaques Cartier bis Jack Masquelier – 500 Jahre Kampf gegen die FR-Aggressoren".

Gutes Aussehen ist ohne kosmetische Vorsorge- oder Nachsorge-Bemühungen durch Eigeninitiative zu erreichen: Intensives Leben und Erleben auf der soliden Grundlage guter Ernährung dient nicht nur der Schönheit, sondern auch einem glücklichen Leben, das von körperlichem wie seelischem Wohlbefinden getragen wird – sichtbare Erfolge, die mit jedem Blick in den Spiegel für Glücksmomente sorgen.

Wahre Schönheit kommt von innen

Schönheit gepaart mit positiver Ausstrahlung – Gestik, Mimik, Charme, Flair und Warmherzigkeit – hat Generationen von Psychologen und Philosophen beschäftigt. Wohl immer mit dem Ergebnis, dass rein äußerlich gutes Aussehen schließlich nur bröckelnde Fassade ist, wenn das stabile Fundament fehlt: eine natürliche Vitalität, die sich schon durch einen ausdrucksstarken, intensiven Augen-Blick mitteilt – und von Herzen kommende Zuwendung, wie auch die Leidenschaft glückseliger Liebesbeziehung möglich macht.

„Wahre Schönheit kommt von innen" – ein Leitgedanke, den informierte Mütter ihren Töchtern gern auf den Lebensweg mitgeben. Selbst ausgewiesene Beauty- und Sexy-Stars bestätigten dieses Wissen. Marilyn Monroe zum Beispiel, die mit ihrer Erkenntnis, dass wahre Schönheit tatsächlich von innen kommen müsse, in der Presse zitiert wurde. Oder Audrey Hepburn, u. a. Oscar-, Emmy- und Grammy-Preisträgerin, deren Satz „Ich glaube, dass glückliche Mädchen die schönsten Mädchen sind" vielfach zitiert wurde, um darauf hinzuweisen, dass gutes Aussehen durch Ausschütten von Glückshormonen – z. B. beim Genuss wunderbarer Lebensmittel – auch psychosomatischen Einflüssen unterliegt. Woraus sich in logischer Kausalkette eine uralte Weisheit ableiten lässt: „Gesundheit macht glücklich und Glück macht schön."

Dass Schönheit in hohem Maße von innen kommen muss, belegten auch die 2014 von der chinesischen Huazhong-Universität veröffentlichten Ergebnisse einer Studie unter männlichen Studenten, bei der Persönlichkeitsprofil und Ausstrahlung schöner Frauen bewertet wurde.

Lena Bröder, Miss Germany 2016: „Das Schöne in mir" – Ihr Buchtitel, persönliches Credo und Anregung für Leserinnen und Leser

Schönheit sollte als Teil der Persönlichkeit mehr sein als nur gutes Aussehen, Make-Up und schicke Kleidung. Lena Bröder hat das mit ihren Auftritten als Miss Germany 2016 und ihrer eindeutigen Positionierung in Bezug auf Beruf und Berufung in überzeugender Weise – auch mit Spenden – deutlich gemacht: Gagen aus Miss Germany-Veranstaltungen gingen zum Teil an benachteiligte oder kranke Kinder. Ihre Devise: „Ich kann natürlich nicht allein die Welt retten, aber zeigen, dass auch junge Menschen zu ihrem Glauben stehen."

Wie sie als junge Religionslehrerin über die Wahl zur schönsten Frau Deutschlands zu dieser Vision gefunden hat, ist in ihrem Buch „Das Schöne in mir" (Verlag Herder) nachzulesen. Sie schildert darin nicht nur ihren Weg auf den Schönheitsthron, sondern auch, was echte Schönheit ist und dass diese Gabe der Natur mit dem Glauben an Gott sehr wohl zusammenpasst. Papst Franziskus, dem sie das Werk auf dem Petersplatz in Rom übergeben hat, ist sicher einer der aufmerksamen Leser dieses Buches, in dem sie mit Klischees aufräumt und dabei höchst lebendige Perspektiven vermittelt.

Um nicht kosmetische Fassade zu sein, benötigt wahre Schönheit nicht nur schön wirkende, gesunde Haut, sondern das wunderbare Zusammenwirken all der vielen Milliarden Zellen, über die der Körper verfügt. Das mag kompliziert klingen, ist aber nach Erkenntnissen aus Wissenschaft und Praxis pur Natur auf einem Königsweg zum guten Aussehen leicht und sicher zu erzielen.

Zellschutz für „innen" und „außen"

Wissenschaftlich fundierte Empfehlungen zum Schutz der Körperzellen betreffen auch die Zellstruktur der Haut, das mit rund zwei Quadratmetern Fläche und einigen Milliarden Zellen größte menschliche Organ. Das Beispiel der in Beauty-Produkten häufig aufgeführten Substanzen Kollagen und Lycopen zeigt, welchen Stellenwert gute Ernährung mit der Vielfalt bester Lebensmittel für die Schönheit hat: Pflanzliche Lebensmittel mit hohem Antioxidantien-Gehalt können Kollagen-Abbau in der Haut verhindern, indem sie die für schöne Haut gefährlichen Molekularbruchstücke Freie Radikale unschädlich machen.

Vitamin C ist nicht nur Antioxidans, sondern trägt auch zur Feuchtigkeitsregulierung der Haut bei. Die Vitamine A (z. B. in Möhren) sowie Vitamine der B-Gruppe und Vitamin E (z. B. in Getreiden und Gemüsen) helfen als „Hauterneuerer" unter anderem bei der Heilung von Wunden. Die haut- und insgesamt zellgesunden Fettsäuren Linolensäure (Omega 3) und Linolsäure (Omega 6) sind mit hohen Anteilen vor allem in edlen kalt gepressten Pflanzenölen wie Rapsöl, Walnussöl, Traubenkernöl und Leinöl vertreten.

Mineralien wie Selen und Kalium, die als Antioxidantien Hautzellen schützen, sowie Calcium, Magnesium und Zink, die beim Aufbau gesunder Haut mitwirken, kommen in vielen Gemüse- und Obstsorten und Getreiden vor, die mit der Urkraft der Natur unverfälscht auch Schönheitsmittel sind. Diese Urkraft kann bei guter Ernährung und Lebensführung bis ins hohe Alter reichen. Womit die verbreitete Behauptung widerlegt ist, dass schlaffe Haut und Falten mit zunehmendem Alter unausweichlich seien.

Kraft-Stoffe für den Muskel-Motor
Fit und kräftig ohne Risiken und Nebenwirkungen

Dass Rückenprobleme, seit Jahrzehnten ein typisches „Männerleiden“, nun auch massiv bei der weiblichen Bevölkerung angekommen sind, ist aus Veröffentlichungen bekannt. Auch Frauen verbringen immer mehr Zeit sitzend – unter anderem vor Computern, auf der Fernsehcouch oder im Auto –, mit der Folge, dass die Muskulatur erschlafft, Schmerzen schließlich zum Dauerzustand werden und zur Arbeitsunfähigkeit führen.

Als Bewegungs-Motor des Körpers verbrennen Muskeln selbst im Ruhezustand – sogar im Schlaf! – mehr Energie als das Fettgewebe. Sie halten uns fit und schlank. Wie Motoren Kraftstoff aus der Zapfsäule benötigen, so brauchen die Muskeln als Motoren des Körpers Kraft-Stoffe aus der Nahrung. Unterversorgung durch Mangelernährung mit minderwertigen Lebensmitteln oder Diät (auch „Hungerkur“) führen zu Muskelabbau und damit zu einem niedrigen Energieverbrauch. Mit Blick auf die „schlanke Linie“ heißt das: Gewichtszunahme bis zur Fettleibigkeit.

Nur bei wenigen Krankheitsbildern ist Vorsorge und Heilung so klar zu definieren

Bewegung stärkt die Muskeln und regt den Aufbau zusätzlicher Muskelmasse an, die noch mehr Energie verbraucht und die Fettpolster schwinden lässt – ein „Engelskreis“, der sich zudem positiv auf das Immunsystem auswirkt, also die Abwehrkräfte stärkt. Außerdem bringt der Verzehr bester Lebensmittel Zufriedenheit und Leistungskraft und die durch Ernährung und Bewegung erstarkten Muskeln rücken die Wirbel des Rückens wieder in die richtige Position.

Studienergebnisse definieren Grundlagen zur Gesundheit von Muskeln und Gelenken: „**Sitzen** ist schlecht.“ „**Stehen** und **liegen** ist besser.“ „**Gehen** ist sehr gut – am besten im Wald.“ – Siehe Kapitel „Der Waldspaziergang und sein vielfacher Nutzen“.

Wer seine Muskeln schon vor dem Frühstück fordert, regt nicht nur die „Lebensgeister“, also den Kreislauf an. Morgengymnastik mit Anspannung und Entspannung der Muskeln macht Appetit auf ein gutes Frühstück, ist gut für den Darm und fördert die Verdauung. Das Essen schmeckt dann nicht nur besser, es bekommt auch besser.

Die Summe der Vitalität und Leistungsfähigkeit, Zufriedenheit und Zuversicht aller Bürger – Basis für das Wohlergehen unseres Landes

Laut Studie der Universität Freiburg belegt Gesundheit Platz 1 der Grundpfeiler für persönliches Glück. Es folgen Partnerschaft, Freundschaften und soziale Sicherheit. – Laut Umfragen der Krankenversicherung Pronova BKK leiden rund 90 % der deutschen Arbeitnehmer im Berufsleben unter Stress, 61 % beklagen häufige Erschöpfung, 53 % Schlafstörungen und 29 % schlechtes Arbeitsklima – mit der Folge mangelnder Lebensfreude und Frustration. Für die Kategorie der permanent Unzufriedenen hat der Volksmund Bezeichnungen gefunden, z. B. „Trauerklöße", „Jammerlappen", „Smartphone-Anbeter", „Miesepeter", „Stänkerer", „Meckertanten".

In einer Umfrage mit etwa 2.000 teilnehmenden Intensiv-Nutzern von Smartphones gab rund die Hälfte der Befragten an, keine Probleme zu haben. Umfrage-Antworten der anderen Hälfte bestätigen, dass ein kranker Körper auch dem Geist schadet und Lebensqualität verhindert:

Gesundheit: „Habe Probleme mit den Augen." – „Schlafe schlechter ein und wache nachts auf, um auf das Smartphone zu schauen." – „Leide gelegentlich an Kopfschmerzen."

Zusammenhalt: „Ich treffe Freunde und Familie seltener als früher." – „Spreche seltener unmittelbar im Zusammensein mit anderen."

Häufige Ablenkung, die sich auch beruflich auswirken kann: „Ich fühle einen Zwang, dauernd auf das Smartphone zu gucken." – „Ich werde von anderen Aufgaben abgelenkt."

Frank-Walter Steinmeier: „In Deutschland bessere Voraussetzungen als anderswo."

Chancen, dass sich Regierung und Bürger beim gemeinsamen Durchstarten in eine bessere Zukunft bewähren, hat Bundespräsident Steinmeier bei der Ernennung des neuen Bundeskabinetts am 14. März 2018 positiv beurteilt. Eine Einschätzung, die nach der Corona-Krise besondere Bedeutung hat:

„Dafür haben wir in Deutschland bessere Voraussetzungen als anderswo. Wir haben in der Vergangenheit bewiesen, dass wir uns aus schwierigsten Situationen mit Mut und Entschlossenheit befreien können. Wir in Deutschland müssen das bewahren, was uns stark gemacht hat: die Balance von sozialer Gerechtigkeit und wirtschaftlicher Vernunft. Diese unter sich verändernden Bedingungen immer wieder neu herzustellen, daraus entsteht Zukunft."

Schluss mit Raffgier und Machtgier, Halbwahrheiten, Lügen und fake news

Bundespräsident Joachim Gauck hatte in seiner Weihnachtsansprache 2012 gefordert: „Wir brauchen Menschen, die unsere Gegenwart und Zukunft zum Besseren gestalten." – Gesundheit erbringt mit Kraft und Schwung auch geistige Stabilität – und mit Energiezuwachs, Wohlbefinden, Zufriedenheit, Zuversicht und gutem Selbstwertgefühl, die durch das Projekt Vital *E. B. L.* sicher erzielt werden können, wächst die Zahl konstruktiv engagierter Bürger und tatkräftiger Politiker.

Die Wende zum Glücklichsein mit vielen positiven Folgen

Eine Wende zu mehr Glücklichsein ist in Deutschland offenbar besonders angesagt, denn im „UN-World-Happiness-Report" belegt Deutschland mit deutlichem Abstand zu den erstplatzierten Ländern Dänemark, Schweiz, Island und Norwegen nur Platz 16 der Liste von 158 Staaten. Wenn es gelingt, Deutschlands Bevölkerungsanteil glücklicher Menschen zu vergrößern, wächst die Chance, „Gegenwart und Zukunft zum Besseren zu gestalten“ – mit der angenehmen Folge, dass Gezänk und Schmutzkampagnen in Politik und Öffentlichkeit zurückgehen.

Eine aktuelle Herausforderung für die Bildungspolitik

Studien belegen, dass die Probleme bei Bildung, Ausbildung und Weiterbildung wachsen. Um Fortschritte bei der Vermittlung von Grundwerten zu erzielen und mit konsequenten Problemlösungen Deutschlands bessere Zukunft zu gewährleisten, müsste die vielfach geforderte „Fundamentale Erneuerung“ tatsächlich „fundamental“ beginnen:

Basiswissen kann Bildungsprobleme durch krankheitsbedingte Ausfälle sowie Lehr- und Lernschwächen als Folge von Mattigkeit bei Lehrenden und Lernenden verhindern

Information und Motivation für ein Leben nach der Formel *E. B. L.* – gute ***E***rnährung, effiziente ***B***ewegung, natürliche ***L***ebensführung – kann die Ursache der in Politik und Medien vielfach kommentierten Gefahr, die der Entwicklung der Jugend droht, nachhaltig beseitigen. Wie Tests bewiesen haben, werden Bildungsprobleme damit, dank des Gewinns an Fitness und Wachheit bei der Wissensaufnahme, sicher überwunden.

Bildungspolitik erreicht mit grundlegenden Maßnahmen einen großen Teil der Bevölkerung und kann deshalb Voraussetzungen schaffen, um entscheidende Impulse für den „Mut zu neuen Wegen“ zu vermitteln, die zum klassischen Ideal des „Mens sana in corpore sano“ („Gesunder Geist in gesundem Körper“) führen.

Durch Information und Motivation zum Projekt Vital *E. B. L.* kann innovative Bildungspolitik einen grundlegenden Beitrag leisten, um dieses Ziel zu erreichen und mehr Lebensqualität zu gewährleisten. Mit dem Zuwachs an körperlicher und geistiger Stabilität gilt das auch für die notwendige Medienkompetenz, die Deutschlands Bürger davor bewahren soll, im „Dschungel des Internets“ gefährliche Irrwege zu gehen und in Fallen zu tappen, die dort in Form von Hetzkampagnen, fake news, Verschwörungstheorien und Gewaltaufrufen auf User der „Sozialen Netzwerke“ lauern.

Information und Motivation durch Bundesregierung und Landesregierungen

Die Corona-Krise hat gezeigt, dass Bildungspolitik dringend gefordert ist, Wissensgrundlagen zu vermitteln, die Lehrern und Dozenten, Schülern und Studierenden helfen, nicht nur Bildungsprobleme zu verhindern, sondern auch Leid und Tod durch Krankheiten.

Dank des dokumentierten Trends zu besserer Ernährung (u. a. „Ernährungsreport“ der Bundesregierung) als Basis der Bildungsinitiative Formel *E. B. L.* sind gute Erfolgschancen gegeben. Dafür spricht auch der Umsatzzuwachs bei Naturprodukten in BIO-Qualität, der sich sogar in den USA abzeichnet, wo Fast-Food-Anbieter wie McDonalds und Kellogg’s Umsatzrückgänge haben, während Bauernmärkte mit ihren Erzeugnissen Umsatzzuwächse verzeichnen.

Ökologie & Ökonomie – Umweltschutz & Energiewende mit dem Projekt „Der gute Strom vom eigenen Dach"

Das „Pariser Abkommen 2015" wurde weltweit zum Hoffnungsträger für eine gesunde, bessere Zukunft. Die UN-Klimakonferenz in Paris sollte nach Absicht der mehr als 150 beteiligten Länder die Umkehr von zunehmender Umweltzerstörung und Klimaschädigung zum Klimaschutz ermöglichen. Am 12. Dezember 2015 wurde ein Abkommen unterzeichnet, in dem sich die Länder verpflichteten, die Erderwärmung auf weniger als 2 % zu begrenzen. Die Übereinkunft hat weltweit Umwelt-Optimismus ausgelöst. Der ist jedoch der ernüchternden Erkenntnis gewichen, dass die gesteckten Ziele wohl nicht erreicht werden.

Neun von zehn Deutschen sehen Klimaschutz als dringlichste Aufgabe der Politik

Klimaschutz ist in den Medien zu einem Top-Thema geworden – offenbar auch bei vielen Bürgern, wie die Bertelsmann Stiftung in einer Studie ermittelt hat: 90 % der Befragten sehen Klimaschutz als dringlichste Aufgabe der Politik. Angesichts der Jugend-Demonstrationen *Fridays for future* hat die Dringlichkeit des Klimaschutzes offensichtlich auch junge Menschen erreicht.

Wenn neun von zehn Bundesbürgern Klimaschutz als dringlichste Aufgabe sehen und Jugendliche dafür „auf die Straße gehen", stellt sich zwangsläufig die Frage, ob sie bereit sind, persönlich zum Klimaschutz beizutragen. Womit ein philosophisch-ethischer Gesichtspunkt angesprochen ist: Der Mensch sieht sich in der höchsten Entwicklungsstufe als „Krone der Schöpfung", und niemand, der diesem Anspruch des vernunftbegabten Wesens gerecht werden will, kann ernsthaft bestreiten, dass er damit auch ganz persönlich Verantwortung für den Erhalt der Schöpfung trägt. Wer dieser Verantwortung mit einem guten ÖKONOMISCHEN FUSSABDRUCK gerecht werden will, ist nicht nur zur Wende bei der persönlichen Teilnahme am Verkehrsgeschehen gefordert, sondern auch beim Stromverbrauch im eigenen Haus.

Impuls für den Umweltschutz und Problemlöser mit vielfachem Nutzen

Die Initiative „Der gute Strom vom eigenen Dach" ist geeignet, das Gesundheits- und Umweltbewusstsein der Bevölkerung zu entwickeln und eine nachhaltige Energiewende einzuleiten, die dazu beiträgt, die Luftverschmutzung durch Innovationen bei Straßenverkehr und Wärmeerzeugung zu verringern. Menschen, die ihre Lebensqualität mit der klassischen FORMEL *E. B. L.* verbessern und sich ergänzend für die Initiative „Der gute Strom vom eigenen Dach" entscheiden, leisten mit ihrer Solarstromerzeugung, die dank umfassender Nutzung für E-Mobilität, Wärmeerzeugung und andere Stromverbraucher im eigenen Haushalt besonders kostengünstig und energieeffizient ist, einen nachhaltigen Beitrag für den Erhalt der Umwelt: Hochwertige natürliche Ernährung und naturnahe Lebensführung mit dem PROJEKT VITAL *E. B. L.* und die Ergänzung durch das KONZEPT ÖKOLOGIE & ÖKONOMIE sind eine gute Voraussetzung, um Fortschritte im Kampf gegen Naturzerstörung und Klimakatastrophe zu erzielen.

TEIL III

LEBENSMITTEL – MITTEL ZUM GENUSSVOLLEN LEBEN UND ERLEBEN

Obst und Gemüse aus der Heimat oder „Superfoods“ von irgendwo?

Angeblich Wunder wirkende „Spezialernährung“ durch „neu entdeckte“ „Superfoods“, meist exotische Lebensmittel, werden den Verbrauchern mit Werbemilliarden schmackhaft gemacht. Viele natürlich wertreiche heimische Lebensmittel sind dadurch in Vergessenheit geraten. Eindeutig zu Unrecht, denn bewährte heimische Lebensmittel punkten in drei Disziplinen. Sie können beim Wertstoffgehalt mithalten und bieten darüber hinaus Vorteile, die sie für den Verbraucher wertvoller machen als die Exoten der Importe:

Vorteil Kumulierende Wirkung – Zusammenspiel der Wertstoffe: Pharma- und Nahrungsergänzungsindustrie nutzen beim Produktmarketing verstärkt das Argument, in ihren Produkten Naturstoffe zu verwenden, die sich in ihrer Wirkung ergänzen. Beispiele sind die Extrakt-Kombinationen von Mineralstoffen wie Calcium, Eisen oder Selen mit Vitaminen. – Hochwertige natürliche Lebensmittel enthalten solche Substanzen zusammen mit anderen Wertstoffen. Durch diese Vielfalt erzielen sie den besten gesundheitlichen Nutzen.

Vorteil Frische: Erzeugnisse qualitätsorientierter Bauern aus der Region kommen ohne Geschmacks- und Wertstoffverlust durch lange Lagerzeiten und Transporte frisch auf den Tisch der Verbraucher.

Vorteil bei Umwelt und Verkehrsbelastung: „Superfoods“ werden überwiegend im Ausland erzeugt. Nach Luft-, See- und Schienentransport fahren LKW die Produkte zu Zentrallagern der Importeure und Einzelhandelsketten und von dort zu den Supermärkten und Discountern. Verkehrsbelastung, hoher Fahrbahnverschleiß und vermehrt schwere Unfälle sind ebenso die Folgen wie Luftverschmutzung und Lärmbelästigung mit negativen Auswirkungen auf die Gesundheit.

Die Mär von „Superfoods“ und die Wirklichkeit wirksamer einheimischer Lebensmittel

Während viele „Spezial-Ernährungsprogramme“ und Diäten in Langzeitstudien als wirkungslos oder – wegen ihrer Neben- und Folgewirkungen – als bedenklich oder gefährlich entlarvt wurden, sind „Superfoods“ als Nahrungsmittel mit einem hohen Anteil an wirksamen Inhaltsstoffen zumeist anerkannt. In Anzeigen und Prospekten werden sie unter anderem als „Vital-Turbos der Natur“, gelegentlich sogar als Wundermittel zur Heilung bestimmter Krankheiten angepriesen.

Die Wahrheit ist, dass es keine „Powerfoods“ gibt, die in Werbetexten angepriesene Wunderheilungen vollbringen. Andererseits sind ursprüngliche, unverfälschte pflanzliche Lebensmittel, die sich in vielen Jahrtausenden als Sieger der Evolution entwickelt haben, „Helfer der Gesundheit“, deren wunderbare Wirkungen durch hoch aktive Wertstoffe wissenschaftlich abgesichert sind. Siehe Kapitel „ORAC-Werte sagen dem Verbraucher, welchen Nutzen Lebensmittel für die Gesundheit haben“.

Die Besten-Auslese der Natur und die Stories der exotischen „Food-Sensationen“

Dass Berichte über exotische Lebensmittel aus fernen Ländern mit uralten, wiederentdeckten Ernährungstraditionen gut ankommen, gehört schon seit Jahrzehnten zu den publizistischen Grundregeln. Beispiel Chia-Samen aus Amerika mit dieser Story: Azteken und Maya haben Chia bereits genutzt, zum Beispiel, so wird berichtet, als Kraftnahrung für ihre, in die Geschichte der Entdeckungen eingegangenen, legendären Meldeläufer.

Medienbeiträge über die wunderbaren Wirkungen des Knoblauchs haben in den Sechziger Jahren den extensiven Gebrauch dieses südeuropäischen Würzmittels angeregt. Später kam Ginseng in Mode, jene Wurzel aus China, Korea oder Sibirien, die schon mit dem werbewirksamen Mythos der Frühzeit umgeben war. Heute wechseln die Superfood-Moden von A wie „Acai" bis Z wie „Zimt". Womit die Marktchancen der Exoten derart gestiegen sind, dass sich zum Beispiel in einer Aufstellung unter „A" neben Acai-Beeren Acerola-Kirschen, Amaranth-Körner und Aronia-Beeren finden lassen.

Warum in die Ferne schweifen, wenn das Gute liegt so nah!

Auch hier gilt einmal mehr der klassische Leitsatz „Warum in die Ferne schweifen, wenn das Gute liegt so nah!". Antioxidativ wirksames Vitamin E wie in Chia und – zum Teil antioxidativ noch stärkere Sekundäre Pflanzenstoffe – kommen zum Beispiel in Holunder, Brombeeren, schwarzen Johannisbeeren und in dunklen Weintrauben vor. Das gilt ähnlich für Brokkoli, Möhren, Spinat, Kohl- und viele andere Gemüsesorten. Wobei der für Chia-Samen ausgelobte Reichtum an Ballaststoffen auch in Traditions-Apfelsorten, in vielen Kohlarten, Salaten und Urgetreide wie Emmer, Einkorn, Roggen oder klassischem Dinkel zu finden ist – und nicht zuletzt im Mehl heimischer Riesling-Weintraubenkerne mit einem Gehalt an Ballaststoffen von mehr als 50 % und dem höchsten ORAC-Wert aller Grundnahrungsmittel.

Presseveröffentlichungen der Verbraucherzentralen sowie u. a. der deutschen, österreichischen und schweizerischen Gesellschaften für Ernährung, DGE, ÖGE und SGE, tragen dazu bei, solche Erkenntnisse zu verbreiten. Und es drängt sich wohl immer mehr Verbrauchern die Frage auf, warum man über tausende Kilometer transportierte Acai- oder Aronia-Beeren bevorzugen sollte, wenn Wertstoff-Spitzenreiter wie Brombeeren oder schwarze Johannisbeeren in der Nähe wachsen. Das gilt auch für viele Gartenkräuter und Wildkräuter, die lebensnotwendige Vitamine, Mineralien und vor allem Sekundäre Pflanzenstoffe enthalten.

BIONISSIMO – Pur Natur vom Allerbesten pflanzlicher BIO-Lebensmittel

Vergleichende Lebensmittel-Untersuchungen „BIO“ gegen „Konventionell“ (u. a. Stiftung Warentest) bestätigen, dass die zunehmende Beliebtheit der BIO-Ware beim Verbraucher durch höhere gesundheitliche Qualität gerechtfertigt ist. BIO-Siegel garantieren naturnah erzeugte Lebensmittel aus ökologischem Landbau, wobei die Anforderungen einiger BIO-Verbände über die von der EU festgelegten Mindeststandards hinausgehen. Erzeuger bester pflanzlicher Nahrung haben jedoch die Chance, qualitativ noch einen Schritt weiter zu gehen:

Durch Erfahrungswissenschaft (Empirie) und aktuelle Erkenntnisse der Humanwissenschaft ist belegt, dass Spitzenqualitäten klassischer Sorten mit Anpassung an das Klima ihrer Region als robuste Pflanzen ihren besonderen Wert ohne Neuzüchtung und andere Eingriffe in das natürliche Geschehen (z. B. chemische Dünger und Spritzmittel) pur Natur erreichen.

Angelehnt an die alte römische Bezeichnung für das Optimale, können sie als „BIONISSIMO“ bezeichnet werden. Die Gründe für diese Auszeichnung: Sie haben sich in der Evolution natürlich entwickelt, gedeihen ohne Chemie im Boden oder in der Luft und kommen, unverfälscht ohne Zusätze, auf kurzem Wege umwelt- und klimafreundlich auf den Tisch des Verbrauchers.

Diese Produktvorteile regionaler, qualitätsorientierter bäuerlicher Landwirtschaft sind das Kriterium für die Auswahl der in nachfolgenden Kapiteln beschriebenen pflanzlichen Lebensmittel.

Evas Apfel und die Besten-Auslese der Natur Könige im Pflanzenreich – Niedergang und Wiederentdeckung

Der Apfel ist – nicht nur in der Bibel oder der Erotik – eine symbolträchtige Frucht; er steht in der Ernährung für das *Prinzip Gesundheit*. Der englische (Lehr-)Satz „An apple a day keeps the doctor away" ist auch in Deutschland bekannt: „Ein Apfel pro Tag vermeidet den Arzt." Als diese Empfehlung formuliert wurde, besaßen gute Apfelsorten einen natürlichen Reichtum an Wertstoffen, und niemand musste befürchten, krank zu werden, weil Obst Rückstandsbelastungen enthalten könnte.

Wer ist schon bereit, bis zu zehn Neuzüchtungs-Schönlinge pro Tag zu essen, um seinem Körper die Wertstoffe eines einzigen klassischen Spitzenapfels von der Streuobstwiese zuzuführen?

Heute geben Marktforscher die Züchtungsziele vor, und die Umsatzauswertungen zeigen, welche Äpfel die Masse der Verbraucher bevorzugt: Prall und schön aussehend, knackig im Biss, vorwiegend süß oder lieblich im Geschmack sollen die Produkte sein – und möglichst ohne Abweichungen von diesen Standards uniform im Regal liegen. Der Wertstoffgehalt aber darf beim Vermarkten „moderner Äpfel" keine Rolle spielen, denn wer ist schon bereit, bis zu zehn Neuzüchtungs-Schönlinge pro Tag zu essen, um seinem Körper die Wertstoffe eines einzigen klassischen Spitzenapfels von der Streuobstwiese zuzuführen?

Neben Initiativkreisen für Äpfel von Streuobstwiesen haben sich neuerdings sogar Kabarettisten und Künstler des Themas angenommen. So engagiert sich die Berliner Malerin Antje Majewski mit der Gegenüberstellung von Bildern genmanipulierter „Arctic Apple“, deren Schnitzel auch nach Stunden an der Luft nicht braun werden, gegen die wertreiche alte Sorte „Ülzener Kalvill“. Auch sie will verhindern, dass der „Angriff der Klon-Äpfel“ zu noch mehr gesundheitsschädlicher Belastung mit Pestiziden führt, weil diese Massenprodukte nicht in der Lage sind, Schädlinge aus eigener Kraft abzuwehren, während sich Traditionssorten veränderten Umweltbedingungen angepasst haben und mit ihren Schutzstoffen auch ohne Pestizide überleben können.

Bleibt anzufügen, dass Greenpeace 2015 bei einer Untersuchung in zwölf europäischen Ländern im Umfeld von Apfelplantagen Pestizidrückstände in Boden und Wasser entdeckte: 64 der insgesamt ausgewerteten 85 Proben waren belastet. Mehr noch: In den Analysen wurden unter 53 verschiedenen Giften sieben festgestellt, die in der EU nicht zugelassen sind; darunter auch das seit vielen Jahren verbotene DDT.

Die einzelnen Rückstandsmengen bei Äpfeln des üblichen Marktangebots liegen zwar meist unter den zugelassenen Grenzwerten, die Gefahr, dass diese körperfremden Stoffe durch die Summe der verschiedenen Rückstände sowie mit anderen Belastungen das Immunsystem überfordern und zu Erkrankungen führen, ist jedoch groß. Im Report „Der bittere Beigeschmack der europäischen Apfelproduktion“ gibt Greenpeace Tipps, wie man wertvolle Äpfel ohne gefährliche Umweltbelastung erzeugen kann – unter anderem durch die Verwendung standortangepasster robuster Sorten.

Das tägliche Brot – Kraftvolles Urgetreide oder neue Sorten?

Bei mehr als 90 % der Deutschen ist Brot Hauptnahrungsmittel, und mit der Vielfalt von mehr als 3.000 Brotsorten ist Deutschland Weltmeister dieser Lebensmittelkategorie. Laut Studienergebnissen gilt täglicher Genuss guter Vollkornbrote dank der enthaltenen Wertstoffe (u. a. Kalium, Magnesium, Calcium, Eisen, Ballaststoffe und Vitamine) als nachhaltiger Beitrag zur Gesundheit.

Die Wiederentdeckung der alten Sorten

Einkorn und Emmer wurden in Kleinasien bzw. Vorderasien schon vor etwa 10.000 Jahren in Kulturen angebaut. Die klassischen Getreidesorten liefern geringere Erträge als die verbreiteten sogenannten „Ertragssorten", bieten jedoch einen hohen Gehalt an Wertstoffen – bei Einkorn: Carotinoide, Zink, Eisen, Magnesium, Eiweiß – bei Emmer: Proteine, Eisen, Magnesium, Zink. Solche Substanzen, die auch in anderen Urgetreiden vorkommen, sind u. a. für Erhalt und Aufbau intakter Körperzellen, für den Stoffwechsel und die Stabilisierung des Immunsystems wertvoll.

Urgetreide verfügt zudem über praktische Vorteile, die sich im Getreideanbau auf gesunden Böden auswirken: Widerstandsfähigkeit gegen Schädlinge aus der Natur, geringere Ansprüche an den Acker und kaum Probleme mit der Konkurrenz des Ackerunkrauts.

Laut Umfragen weiß jeder dritte Deutsche, dass minderwertige und chemisch belastete Backwaren die Gesundheit gefährden. Dennoch lassen sich viele Verbraucher von der Illusion fragwürdiger „Gesundbrote" mit attraktiven Namen verführen, weil ihnen das natürliche Schmecken verloren gegangen ist und „Hauptsache billig!" ihre Kaufentscheidung wesentlich mitbestimmt.

Die gute Nachricht ist, dass tägliches Brot immer noch ein gesundes Hauptnahrungsmittel sein kann, wenn es mit wertvollem Getreide und sorgsamer Teigführung gebacken wird. Die nachstehenden Informationen helfen, beim Brot-Erwerb zwischen *„minderwertig bis bedenklich"* und *„hochwertig und empfehlenswert"* die richtige Wahl zu treffen:

Urgetreide: Getreide-Sieger im Überlebenskampf der Schöpfung sind u. a. Einkorn, Emmer, Kamut, Ur-Dinkel, Ur-Roggen und Ur-Gerste. Neben dem Gehalt an Mineralien, Ballast- und Nährstoffen hilft ihr Potenzial an Antioxidantien im Kampf gegen ein Übermaß der aggressiven Freien Radikale.

Vollkornmehl: Die besten, weil wertreichen und geschmacksintensiven, Brote und Backwaren werden mit Vollkornmehl gebacken und immer mit hohem Anteil an klassischem Getreide.

Teigführung: Traditionelle Brotherstellung mit Sauerteig braucht statt vieler Zutaten nur Wasser und Mehl – vor allem Roggen-Vollkornmehl. Das Verfahren erfordert handwerkliches Können, belohnt aber Sorgfalt bei der Teigführung mit angenehmem Duft, knackiger Kruste, Bekömmlichkeit und langer Haltbarkeit.

Kartoffeln von heimischen Äckern – der besondere Wert ursprünglicher Knollen

Kartoffeln waren früher – ähnlich, wie heute noch das „tägliche Brot" – Hauptnahrungsmittel der Deutschen. Der durchschnittliche Pro-Kopf-Verbrauch lag 1900 bei etwa 285 kg, 1950 noch bei 150 kg und ist heute auf etwa 60 kg gesunken. Weniger als die Hälfte davon sind frische Kartoffeln vom Acker, während der Anteil von verarbeiteten Kartoffeln in Fertigprodukten weiter steigt: Chips und Fritten, Püree-Pulver und Tiefkühlgratin etc.

„Zurück zur Knolle!", fordern Ernährungswissenschaftler und Institutionen der Verbraucherberatung aus gutem Grund: Wie viele klassische Pflanzennahrungsmittel hat sich die Kartoffel im Laufe der Evolution Schutzstoffe gegen Feinde aus der Natur zugelegt: Anthocyane, Sekundäre Pflanzenstoffe (SPS) aus der Familie der Flavonoide, Antioxidantien mit einer starken Wirkung gegen aggressive Freie Radikale.

In Laborvergleichen mit Vitamin C wird die Schutzwirkung der Anthocyane gegen Freie Radikale als rund zehnmal stärker beziffert. Sie kommen in vielen wertvollen Lebensmitteln vor. Dr. Silke Hillebrand von der Technischen Universität Braunschweig hat die Kraft der Kartoffeln in einem Satz griffig formuliert: „Je blauer die Kartoffel ist, desto mehr Anthocyane sind in der Kartoffel enthalten, und je mehr Anthocyane, desto gesünder ist die Kartoffel."

Da Kartoffeln zudem Ideal-Begleiter für die Aufnahme von Proteinen anderer Speisen sind, ist das „Zurück zur Knolle!" *auch unter diesem Gesichtspunkt* eine wichtige Ernährungsrichtlinie. Die Empfehlung gilt vor allem für ältere Sorten, die mehr Wertstoffe besitzen und einen natürlich-intensiven, arttypischen Geschmack haben. Sie sind dank ihrer robusten Pflanzengesundheit besser lagerfähig als Neuzüchtungen und ihre naturgegebenen Eigenschaften empfehlen sie für unterschiedliche Verwendungszwecke:

Frühkartoffeln: Unter fließendem Wasser abbürsten, nicht schälen – höchstens drei Wochen lagern – typische Sorte: *Anuschka*

Festkochende Sorten: Als Pellkartoffeln, Salzkartoffeln, Bratkartoffeln oder für den Kartoffelsalat geeignet: *Annabelle, Bintje* („Heidekartoffel"), *Cilena, Sieglinde, Bamberger Hörnchen* (ideal für Kartoffelsalat), *Juliette* (sehr lange haltbar!), *Rosa*

Tannenzapfen/La Ratte, Selma, Prinzess, Solara (Einordnung: „Vorwiegend festkochend"), *Salad blue* und *Vitelotte* („Trüffelkartoffeln" mit lila bzw. purpurroter Schale), *Linda* (verändert sich bei Lagerung zu „mehlig kochend")

Mehlig kochende Sorten: Sie haben den höchsten Gehalt an Kartoffelstärke und zerfallen deshalb beim Kochen. Ideal für Püree oder in Verbindung mit Flüssigkeiten, da in hohem Maße bindefähig: *Ackersegen, Adretta, Augsburger Gold, Secura*

Pralle Tomaten für die Tonne? Zurück zu wertvollen alten Sorten!

Sie sind prall, gut zu transportieren und lange lagerfähig. Sie kamen mehrheitlich aus holländischen Gewächshäusern und haben – häufig als „Holländische Wassertomate" bezeichnet – vor einigen Jahren das Angebot im Supermarkt bestimmt. Seit 2014 ist ihre marktbeherrschende Präsenz offenbar vorbei, denn alte und wohlschmeckende Sorten erleben eine bis dato nicht für möglich gehaltene Renaissance – begleitet von einem Boom der kleinen Cherry- oder Cocktail-Tomaten, die mittlerweile einen Marktanteil von etwa 40 % erreichen konnten.

Der Geschmack blieb auf der Strecke

Der wachsende Verbraucher-Widerwille hat die Trendwende zu besseren Tomaten sicher ebenso angestoßen wie der Schimpfname „Wassertomate". Der entscheidende Beweggrund für viele Verbraucher, ihre Marktmacht zu nutzen, kam wohl durch eine Gruppe von US-Forschern, die sich der prallen Früchte angenommen hatte. Ihre wichtigste Erkenntnis war die Tatsache, dass im Zuge der ständigen Züchtungs-„Verbesserungen" unter Marketing-Gesichtspunkten das Geschmacks-Gen regelrecht heraus gezüchtet wurde: „Tomaten geschmacklos" – das ging durch die Weltpresse. Bernd Horneburg, Experte für ökologische Pflanzen an der Universität Göttingen: „Wenn in der Züchtung Ertrag und Transportfähigkeit die vorrangigen Ziele sind, bleibt der Geschmack auf der Strecke."

Klassische Tomaten enthalten wertvolle Inhaltsstoffe, die für guten Geschmack sorgen und unter anderem antientzündlich wirken. Lycopin, stärkstes Antioxidans unter den rund 800 Carotinoiden, ist mit hohem Gehalt vertreten. Dazu Betacarotin, Vitamin E und Vitamin C, die, ebenfalls antioxidativ, das Herz-Kreislauf-System und die Haut von innen schützen.

Außerdem Mineralstoffe, wobei der hohe Kalium-Gehalt besonders interessant ist: Kalium unterstützt den Wasserhaushalt der Zellen, hilft damit gegen Wasseransammlungen im Körper und sichert das Ausscheiden von Abfallstoffen. Einer ausreichenden Kalium-Aufnahme (mindestens 2 g pro Tag) werden positive Wirkungen gegen Müdigkeit und Kopfschmerzen, trockene Haut und Schlafstörungen zugeschrieben.

„Schlankmacher" mit niedrigem Kaloriengehalt

Ein weiterer Vorteil guter Tomatensorten ist ihr geringer Kaloriengehalt: Mit nur 17 Kalorien pro 100 g Tomate gehören sie zu den „Schlankmachern". Kein Problem für die „Linie" also; mit rund 25 kg pro Kopf und Jahr kann die Tomate mit ihren hilfreichen Sekundären Pflanzenstoffen und Vitaminen weiterhin als meistverzehrtes Gemüse der Deutschen empfohlen werden. Die Empfehlung „Pro Tomate" gilt auch für Tomatensaft und Tomatenketchup – mit dem Hinweis, dass diese Produkte beste Früchte mit guter Verarbeitung ohne gefährliche chemische Zusätze enthalten müssen.

Argument für den BIO-Anbau: Im Durchschnitt 57 % mehr Vitamin C

Zum Wertstoffgehalt von Tomaten liefert eine brasilianische Forschergruppe der Universität Ceará im Nordosten Brasiliens interessante Erkenntnisse aus analytischen Untersuchungen, die eindeutig für den BIO-Anbau sprechen: BIO-Tomaten sind ihren Vettern aus konventionellem Anbau antioxidativ deutlich überlegen: Sie haben zwar etwa 40 % weniger Gewicht als die konventionell angebauten Tomaten, enthalten aber im Durchschnitt 57 % mehr Vitamin C.

Die Erklärung der brasilianischen Forscher ist einleuchtend: Ohne Kunstdünger entwickeln die Pflanzen kleinere Früchte, und ohne die beim BIO-Anbau verbotenen Pestizid-Spritzungen sind die Tomatenstauden gezwungen, selber etwas gegen die natürlichen Feinde aus der Umwelt zu unternehmen; sie entwickeln mehr Vitamin C und lagern diesen Stoff als Schutz ein. Bleibt der Hinweis, dass die Pestizid-Entlastung aus Umwelt- und Verbrauchersicht ohnehin positiv ist.

Tipps zum Thema „Tolle Tomaten“

Duft: Charakteristischer Tomatenduft ist ein positives Qualitätsmerkmal. Der Duft lässt sich am besten an der „Rispe“, dem „Blütenstand“ der Tomate, „erschnüffeln“.

Verpackung: Besser keine – abgesehen vom Müllanfall: Die Frische der Frucht lässt sich unverpackt besser erkennen – siehe vorstehend *Rispe* und *Duft*.

Sorte: Am Markt werden viele hundert Sorten angeboten, und es kommen ständig neue dazu. Alte Sorten, die sich in der Natur und beim Verbraucher über Jahrzehnte oder Jahrhunderte bewährt haben, sind im Durchschnitt geschmackvoller und wertstoffreicher.

Lagerung: Wie bei vielen Früchten und Gemüsen: Trocken, dunkel und – bald verzehren! Nicht im Kühlschrank aufbewahren; da geht Geschmack verloren. Nicht mit anderen Früchten lagern: Das von den Tomaten (wie auch einigen anderen Früchten) abgegebene Gas Äthylen (auch Ethylen) beschleunigt das Reifen von Obst und Gemüse – und damit den Fäulnisprozess.

Verzehr: Tomaten enthalten wertvolle Stoffe, aber in unreifen Früchten auch Solanin, das in hohen Dosen Kopfschmerzen oder Übelkeit hervorrufen und bei Mengen ab 400 mg zum Tod führen kann. Solanin ist an grünen Stellen unreifer Tomaten (gilt nicht für reife „grüne Sorten“) und vor allem im Strunk enthalten. Nach Herausschneiden des grünen Strunk-Ansatzes ist der Verzehr unbedenklich.

Tomaten in Dosen oder Gläsern: Die Stiftung Warentest weist im Journal 04/2014 darauf hin, dass auch Tomaten in Konserven gesund sein können, da das Zerkleinern und Erhitzen die Fruchtzellen aufbricht und Inhaltsstoffe gut verfügbar macht. Anmerkung: Natürlich gilt auch hier das Prinzip, das man nur aus giftstofffreien, wertreichen Früchten beste Produkte erzeugen kann.

Anbau: Einige Tomatensorten sind pflegeleicht und können von Hobbygärtnern sogar auf dem Balkon angebaut werden – an geschützter Stelle und wegen der Belastung durch Abgase nicht an stark befahrenen Straßen. Grundsätzlich gilt für alle Tomaten, dass nur die Erde begossen wird, damit sich an feuchten Blättern keine Braunfäule entwickelt.

Die Wiederentdeckung alter Sorten

Dank engagierter Züchter gibt es wieder vermehrt alte Sorten. In Amerika, dem Ursprungskontinent der Tomaten, hat Alice Waters einen bemerkenswerten Beitrag zu diesem „Zurück in eine gute Tomaten-Zukunft“ geliefert. Sie konnte Restbestände alter Tomatensorten jener Art, deren erste Exemplare im 16. Jahrhundert von Amerika nach Europa importiert wurden, finden und vermehren.

Eine Auswahl älterer Sorten: *Black Plum* (rot-braun, schwarze Einsprengsel), *Green Zebra* (grün-gelb gestreift), *Ochsenherz* (groß, häufig stark wellige Oberfläche, eher hellrot), *Bonner Beste* (rot, flach-rund), *Goldene Königin* (gelb, eine der ältesten europäischen Sorten), *Marmande* (französische Fleischtomaten, starke gewellte Schale), *Andenhorn* (groß, paprikaförmig, von den Indios aus den Anden Südamerikas), *Wildtomate* (sehr klein, robust, kommt aus Südamerika und wächst auch gut im Blumenbeet).

Bleibt noch zu erwähnen, dass in Amerika, dem Ursprungsland der Tomate, eine Abwandlung des bekannten englischen Leitgedankens „An apple a day keeps the doctor away" („Ein Apfel pro Tag hält den Arzt fern.") verbreitet wird: „Three Tomatoes a day keep the doctor away."

Heimische Walnüsse – Die Kraft des Sommers mitten im Winter

Die Haselnuss war schon in der Mittelsteinzeit, also vor etwa 10.000 Jahren, ein verbreitetes und beliebtes Nahrungsmittel. Im jüngsten Jahrtausend konnte sich in Deutschland aber die Walnuss als Nusskönigin profilieren. Neben der Attraktivität des Baumes und der Nüsse selbst sowie ihres guten Geschmacks hat zu diesem Aufstieg in der Verbrauchergunst sicherlich auch die Tatsache beigetragen, dass man Walnüsse bei richtiger Trocknung und Lagerung auch in den Wintermonaten knacken und genießen kann. Nach dem Knacken und vor dem Genießen sollte ein wichtiger Punkt beachtet werden – Schimmel. Auch bei einer geringen Spur gilt: Nicht essen, sondern entsorgen. Der Schimmel ist giftig.

Der große Durchbruch zur Spitzenstellung unter den heimischen Nüssen ist wohl vor allem den Analysen von Wertstoffen zu verdanken: Die bedeutendsten Inhaltsstoffe der Walnüsse – und somit auch des Walnussöls – sind Omega 6- und Omega 3-Fettsäuren. Im Körper haben Linolsäure (Ω 6) und Linolensäure (Ω 3) wichtige Aufgaben: Sie sind Bestandteil der Zellmembranen. Linolsäure ist besonders gut für den Blutfettspiegel und damit für eine gesunde und schöne Haut.

Mit dem höchsten Gehalt an Wertstoffen die Nr. 1 unter den Nüssen: die Walnuss

Walnüsse haben unter allen Nüssen den höchsten Anteil an Linolensäure. Omega 3, so die wissenschaftliche Bezeichnung dieser dreifach ungesättigten Fettsäure, ist für zahlreiche gesundheitliche Wirkungen bekannt. Sie wird vom Körper gut aufgenommen und auch von öffentlichen Institutionen für einen regelmäßigen Verzehr empfohlen.

Walnüsse enthalten zudem Polyphenole, die als „Radikalenfänger" Körperzellen vor der Oxidation schützen. Laut Forschungsergebnissen kann regelmäßiger Walnuss-Verzehr zum Beispiel Altersdiabetes und hohem Blutdruck in Stresssituationen entgegenwirken.

Edle Speiseöle – Kalt gepresst oder gar nicht!

Hochwertige Speiseöle sind mit ihren vielfältigen Wertstoffen, ihrer Funktion als „Animateure der Nahrungsaufnahme", als Geschmacksträger und Geschmacksgeber eines der wichtigsten Hauptnahrungsmittel. Wohlgemerkt: Hochwertige Öle. – Tatsächlich ist der Markt jedoch überschwemmt von minderwertigen Produkten. Die Europäische Behörde für Lebensmittelsicherheit EFSA hat Untersuchungsergebnisse veröffentlicht, die belegen, dass viele raffinierte (behandelte) Öle nicht nur, wie seit langem bekannt, wenig Wertstoffe, sondern auch erhebliche Mengen von Schadstoffen enthalten, die bei der Erhitzung auf mehr als 200 °C (Raffinieren) entstehen: Darunter Fettsäureester, die bei der Verdauung Glycidol freisetzen, eine Substanz, die als „wahrscheinlich krebserregend“ eingestuft ist.

Gute Öle besitzen einen ausgeprägten Geruch und Geschmack. Der ist charakteristisch und arttypisch für die verwendeten Ölsaaten und Früchte, aus denen das Öl erzeugt wurde. Wenn ein angeblich natürliches Öl mit „nativ extra“ (frei übersetzt: „Besonders naturgegeben“) angepriesen wird, aber „neutral“ schmeckt und nicht als typisch für die Ölsorte einzustufen ist, dann wird der Begriff „natürlich“ missbraucht. Dass insbesondere italienische Olivenöle von Verbrauchertäuschung betroffen sind, wird auch von italienischen Medien immer wieder angeprangert.

Hohe Ölqualität = Reich an Vitalstoffen

Auch die bei Olivenöl häufig verwendeten Bezeichnungen wie „Extra vergine“, „Schonend extrahiert“ oder „ausschließlich mit mechanischem Verfahren gewonnen“, die dem Käufer Qualität suggerieren sollen, bieten keine Sicherheit gegen minderwertige Ware. Hohe Qualität kann nur entstehen, wenn die für Speiseöl verwendeten Früchte und Kerne in der Natur ausreifen, im Idealzustand kalt gepresst werden und in der Flasche nur Öl enthalten ist, wie auf dem Etikett angegeben – ohne Beimischungen von Billigölen, die häufig sogar aus anderen Ländern kommen.

„Kalt“ oder „Warm“ oder „Extrahiert“

Früher wurden Öle nach zwei Qualitätskriterien unterschieden. „Kalt gepresst“ bedeutet: Das Ausgangsmaterial wird ohne Vorbehandlung gepresst. Dabei entsteht durch den Druck Wärme.

Die Auslauftemperatur des Öls ist jedoch niedrig, Geschmack und Wert des Öls bleiben optimal erhalten.

Bei der Warmpressung wird das Ausgangsmaterial vor dem Pressen erwärmt, das Öl hat eine deutlich höhere Auslauftemperatur. Durch dieses Verfahren erhöht sich die Öl-Ausbeute – bei zwangläufigen Verlusten an Vitaminen und Sekundären Pflanzenstoffen.

Das Warmpressen ist heute durch verschiedene industrielle Verfahren ersetzt worden, die bestmögliche Ausbeute bei geringen Kosten garantieren. Eine verbreitete Methode ist das Zentrifugieren mit starkem Druck, wobei hohe Temperaturen entstehen. Das üblicherweise vorher zerkleinerte Pressmaterial wird oft mit dem Lösungsmittel nHexan versetzt, eine farblose, nach Benzin riechende Benzol artige Flüssigkeit – laut EU-Gefahrgut-Kennzeichnung „leicht entzündlich“ und „explosiv“, gesundheitsschädlich sowie umweltschädlich.

Haltbarkeit und „Rauchpunkt“

Damit gute Speiseöle nach dem Erwerb ihren Nutzen für Geschmack und Gesundheit behalten, sind die Faktoren Haltbarkeit und Rauchpunkt zu beachten. Wie bei anderen Lebensmitteln wird die Haltbarkeit (Zeitraum bis zum Ranzigwerden) vom „Antioxidativen Gesamtpotenzial“ (Wirkung gegen Freie Radikale) beeinflusst. Das gilt sowohl für das Öl in der ungeöffneten Flasche wie auch für den Verbrauch nach dem Öffnen. Grundsätzliche Regel: Dunkel und bei geschlossener Flasche (Sauerstoff-Ausschluss) aufbewahren.

Als „Rauchpunkt“ wird die Temperatur bezeichnet, bei der Öl während des Erhitzens anfängt zu rauchen und Polyzyklische Aromatische Kohlenwasserstoffe PAK entstehen. Das Öl wird dunkel (schwarz) und verdirbt die Speise. Entsorgen! Ein großer Anteil der PAK-Typen gilt als „karzinogen“ und wird demnach als Krebsauslöser verantwortlich gemacht.

Kalt gepresste heimische Öle und ihr Nutzen für Genuss und Gesundheit

Kürbiskern-Öl: Intensiv nussig. Ideal für Salate. Nicht erhitzen. Gut haltbar. Reich an Vitamin E.

VOLKSMEDIZIN & FORSCHUNG: Hilfreich bei Blasenleiden und Prostatabeschwerden.

Leinöl (Flachsöl)**:** Hoher Gehalt an Linolensäure (Omega 3). Frisch nach der Pressung nutzen und schnell verbrauchen (geöffnet höchstens drei Wochen haltbar). Nicht erhitzen! Herber Geschmack. Wegen seines hohen Omega 3-Gehaltes auch in kleinen Anteilen zur Mischung mit anderen (antioxidantienreichen, haltbareren) Ölen geeignet.

VOLKSMEDIZIN & FORSCHUNG: u. a. positive Wirkung auf Blutfette, Gefäßsystem und Haut.

Rapsöl: Charakteristisch nussiger Geschmack. Etwa ein halbes Jahr haltbar. Ausgewogener Gehalt an Linol- und Linolensäure (Ω 6 und Ω 3). Zusammenspiel der enthaltenen Vitamine E und K sowie Provitamin A. Zum Dünsten, aber nicht zum Braten bei 180 °C geeignet.

VOLKSMEDIZIN & FORSCHUNG: Reguliert Blutfettwerte (Cholesterin) – Schutz gegen Arteriosklerose.

Sanddornöl: Hoher Gehalt an Linolensäure, Vitamin E, Flavonoiden und Carotinoiden. Nicht erhitzen!

VOLKSMEDIZIN & FORSCHUNG: Hilfe bei Hauptproblemen, schlecht heilenden Wunden und Verbrennungen. Wegen des hohen Farbstoffgehaltes als Gesichts- und Körper-Öl geeignet.

Sonnenblumenöl: Geschmack ähnlich den Sonnenblumenkernen. Reich an Vitamin E und Linolsäure. Nicht hoch erhitzen – Ausnahme: die ohne Gentechnik in Russland gezüchtete Sorte „High Oleic". Sie hat im Gegensatz zum klassischen Sonnenblumenöl wenig Linolsäure und viel Ölsäure (bis 80 %) und ist hoch erhitzbar (über 200 °C).

VOLKSMEDIZIN & FORSCHUNG: Hautgesundheit, Gesundheit der Schleimhäute, Hautpflege „von innen" und „von außen".

Traubenkernöl: Enthält Procyanidine OPC (Stoffgruppe Flavanole), ein kalt gepresstes Öl, das sich in Analysen gegenüber Vitamin C bzw. Vitamin E in der Wirkung gegen aggressive Freie Radikale als 18mal bzw. 50mal stärker erwiesen hat. Das Öl enthält viel Linolsäure und andere wertvolle Säuren. Mit rund 195 °C hat es einen hohen Rauchpunkt und ist zum Braten geeignet.

VOLKSMEDIZIN & FORSCHUNG: Vorsorge gegen Herz-Kreislauf-Erkrankungen. Über Jahrhunderte beliebtes Mittel der Apotheker bei Hautverletzungen und Hautproblemen aller Art sowie in der Schönheitspflege; in der Hautpflege wegen des sehr hohen Preises damals wohl nur von reichen Damen verwendet. – Grund: Für einen Liter Öl benötigt man, heute wie in vergangenen Jahrhunderten, Kerne aus etwa 50 kg Weintrauben.

Walnussöl: Angenehmer Geschmack nach Walnuss, geeignet als Zugabe zum Salat, ideal für Wurzelgemüse. Hoher Gehalt an Linolsäure. Nicht erhitzen!

VOLKSMEDIZIN & FORSCHUNG: Positiv für Hautgesundheit, Fettstoffwechsel, Hormonhaushalt und Stärkung des Immunsystems.

Weizenkeimöl: Spitzenreiter beim Vitamin E-Gehalt. Reich an Linol- und Linolensäure. Wegen seines intensiven Geruchs in der Küche eher als Öl-Beimischung geeignet. Kein Bratöl.

VOLKSMEDIZIN & FORSCHUNG: Für gesunde Haut, Drüsenfunktion, Herz-Kreislauf.

Mit Honig auf den höchsten Berg der Welt – HONIG AUS DER HEIMAT. Urtümlicher Genuss und Hilfe für die fleißigen Bienen

Wetterbedingte Schwankungen im Honig-Ertrag hat es schon immer gegeben, problematischer ist aber das Bienensterben durch die Vergiftung von Äckern, Beeten und Wiesen mit chemischen Substanzen in Düngern und Spritzmitteln. Diese wachsende Gefahr für Deutschlands Honigbienen ist nicht nur den mehr als 100.000 Imkern bewusstgeworden, sondern auch Verbrauchern und Politikern – aus drei Gründen:

Erstens: Die „fleißigen Emsen" aus der Heimat, wie Bienen auch bezeichnet werden, sorgen für natürliche Genüsse mit Wertstoffen wie edlen Zucker, Fettsäuren, Mineralstoffe, Vitamin C und Enzyme, die laut Untersuchungen u. a. bei Husten und Entzündungen hilfreich sind und in der Naturheilkunde schon über viele Jahrhunderte als Heilmittel genutzt wurden.

Zweitens: Die Bedeutung der Bienen für den Ertrag natürlicher Lebensmittel wie Beerenobst und Kernobst ist nicht nur wissenschaftlich erwiesen; die Gefahr, dass gesunde Lebensmittel durch das Bienensterben und fehlende Blütenbestäubung zur Mangelware werden könnten, ist auch zum Dauerthema in Politik und Medien geworden: Rund 80 % der heimischen Nutz- und Wildpflanzen sind auf die Bestäubung durch Bienen angewiesen. Womit deutlich wird, dass Bienenrettung auch aus wirtschaftlichen Gründen angebracht ist.

Drittens: In importierten Honiggläsern sind nicht nur Stoffe aus Giftpflanzen, sondern auch chemische Rückstände nachgewiesen worden. Stiftung Warentest ermittelte mit Analysen, die in Heft 2/2019 veröffentlicht wurden, in der Mehrzahl der geprüften Honigwaren gesundheitsgefährdende Belastungen.

Wobei auch zu berücksichtigen ist, dass die Einfuhr aus Ländern wie Argentinien, Brasilien oder China durch lange Transporte mit entsprechender Luft- und Meeresverschmutzung Umwelt und Klima gefährdet.

Mit dem Erwerb hochwertigen heimischen Honigs können Deutschlands Verbraucher einen Beitrag leisten, um dem Bienensterben und den negativen Folgen für pflanzlichen Naturertrag sowie der Umweltschädigung durch weltweite Transporte zu begegnen. Dass so auch die vielfach geforderte Stärkung des ländlichen Raumes erzielt wird, ist mehr als ein nutzbringender Nebeneffekt.

Imker Sir Edmund Hillary – Mit Honig auf den höchsten Berg der Welt

Um das Grundmaterial für 100 g Honig zu sammeln, fliegt eine Biene zu etwa einer Million Blüten, wo sie mit ihrem Rüssel Nektar aufsaugt. Dass sie mit rund 450.000 Flugkilometern nicht nur Nektar für 1 kg Honig in den heimischen Bienenstock einfliegt, sondern den Menschen durch die Blütenbestäubung noch viele weitere Natur-Genüsse sichert, hat schon vor vielen Jahrhunderten dafür gesorgt, dass die Biene hochgeachtet ist; so wurde auch der Begriff „bienenfleißig“ geprägt.

Die alten Ägypter setzten Honig als Heilmittel bei Magenleiden und – mit Kräutern vermengt – als Wundverband ein. Hippokrates von Kos verordnete seinen Patienten schon vor mehr als 2.000 Jahren Honig bei Fieber und ebenfalls für die Wundbehandlung. Lange bevor die Wissenschaft den wertvollen Gehalt an Inhaltsstoffen exakt ermittelte, waren also Gesundheitswirkungen bekannt – und schon in der Antike auch die Wirkungen als Kraftspender.

Dieses Wissen nutzte der später in England zum „Sir“ geadelte Edmund Percival Hillary, als er 1953 zusammen mit dem einheimischen Tenzing Norgay den Mount Everest, den mit 8.848

Metern höchsten Berg der Welt, bestieg. Hillary, der aus Auckland in Neuseeland stammt und dort die Imkerei seines Vaters weiterführte, hatte fünf Pfund Honig in seinem Expeditions-Gepäck und stieß, wie er später berichtete, beim Aufstieg zudem auf Honig im Nahrungsmitteldepot einer Schweizer Expedition, das am Berg zurückgelassen wurde.

Initiativen zur Rettung der Bienen

Obwohl die negativen Folgen für Natur – insbesondere für die Bienen – und Mensch längst erkannt sind, werden noch immer wertvolle Böden durch das Gift von Spritzmitteln, chemische Düngemittel und Gülle, durch Rodungen, Asphalt, Beton und Steinbelag statt Pflanzenwuchs zerstört oder überdeckt. Es gibt jedoch nachahmenswerte Beispiele zur Rettung der Bienen:

Zwei bayrische Landwirtschafts-Expertinnen, Dr. Ingrid Illies und Kornelia Marzini, machten sich durch das Projekt „Veitshöchheimer Bienenweide“ um den Erhalt der Bienenwelt verdient. Naturfreunde übergaben dem bayrischen Landtag ein Volksbegehren „Rettet die Bienen“ mit mehr als 1,7 Millionen Unterschriften. In den Niederlanden kämpft eine Initiative mit dem Projekt „Honey Highway“ für die Bienen: An Straßen und Eisenbahntrassen werden, unter anderem mit Wildblumen, Habitate (Lebensräume) für Bienen und andere Insekten angelegt. 2016 wurde bei Delft der erste größere Blühstreifen von 40 Kilometern Länge an der Autobahn eingesät.

2018 legte Landwirt Hans-Peter Lehnen vom Sonnenhof Sehlem in der Eifel auf vier Hektar seiner Fläche eine Bienenweide nach Veitshöchheimer Vorbild an. Der Erfolg zeigte sich nicht nur durch die Ansiedlung von Insekten, sondern konkret auch im Ertrag einer nahegelegenen Imkerei.

Bienen-Fürsorge und Bienenkunde für die Psyche

Einige deutsche Justizvollzugsanstalten nutzen Bienen nicht nur, um eine bessere Einstellung für Natur und Umwelt zu vermitteln: Häftlinge sollen durch den fürsorglichen Kontakt zu Bienenvölkern auf ihre Zeit nach der Gefangenschaft vorbereitet werden. Nordrhein-Westfalens Justizminister Peter Biesenbach zeigte sich überzeugt, dass die Beschäftigung mit Bienen für Straftäter einen therapeutischen Effekt haben kann. In den NRW-Städten Remscheid, Castrop-Rauxel, Gelsenkirchen und Schwerte tragen Häftlinge schon seit einiger Zeit zum Kampf gegen das Bienensterben bei.

Da auch ausländische Häftlinge in die Imkerei-Arbeiten wie Wachsplatten fertigen, Honig schleudern und Bienen pflegen einbezogen werden, gilt das Projekt inzwischen als Integrationshilfe. Statt des üblichen „In-der-Zelle-Rumhängen" lernen die Häftlinge, konstruktiv in und mit der Natur zu leben. Beteiligte aus Häftlingskreisen und Justiz-Experten empfehlen diesen Weg „raus aus der Zelle", um in der Natur ein anderes Bild der Welt zu bekommen, das die soziale Wiedereingliederung nach Abschluss des Strafvollzugs der sogenannten „Freigänger" erleichtern kann.

Keine Frage, dass der Bienenstaat ein Musterbeispiel für Zusammenhalt und Arbeitsteilung ist. Da leben zehntausende Tiere in einem Bienenstock und arbeiten in einem funktionierenden Miteinander, das jede Imkerin und jeder Imker anschaulich erklären kann: Da gibt es Bienen, die Waben bauen, andere, die diese Waben sauber halten, Ammenbienen, die sich um den Nachwuchs kümmern, Wächterbienen, die den Bienenstock schützen und natürlich die fleißigen Emsen, die aus dem gesammelten Nektar Honig erzeugen. – Wunderbare Beispiele des Zusammenhalts, der auch für die menschliche Gemeinschaft angesagt ist.

Sarah Wiener: *„Stoppt das Bienensterben“*

Sarah Wiener, in Berlin tätige Wiener Meisterköchin und seit 2019 auch Europaabgeordnete der österreichischen Grünen, veröffentlichte nach dem Wahlsieg ihre politische Leitlinie: „Nachhaltige Landwirtschaft, gesunde Ernährung und Biodiversität.“ Um diese Ziele zu erreichen, hat sie in Zusammenarbeit mit der Deutschen Umwelthilfe e. V. einen Aufruf an Politik und Landwirtschaft formuliert – Zitat: „Stoppt das Bienensterben! Wir brauchen eine andere Art von Landwirtschaft.“

Um ihre Appelle auch praktisch zu untermauern, gründete Sarah Wiener eine Stiftung, die ihren Namen trägt und besonders Kinder und Jugendliche anspricht, die zu Fahrten auf Bauernhöfe und dort zur Mitarbeit eingeladen werden. So können die jungen Menschen lernen, wie wertreiche natürliche Lebensmittel erzeugt werden – und wie gut sie schmecken. Die Philosophie und Botschaft dieser Stiftung hat Sarah Wiener klar formuliert, nachzulesen im Internet:

„Das schwindende Wissen über die Zubereitung, Herkunft und Vielfalt von Lebensmitteln bei Kindern und Jugendlichen besorgt mich zutiefst. Nachfolgende Generationen verlieren ihre Ess- und Kochkultur und damit die Fähigkeit, sich selbstbestimmt und ausgewogen zu ernähren. Kinder, die Kocherfahrungen sammeln, Geschmäcker ausprobieren, mit Genuss essen lernen und miterleben, wie Lebensmittel in der Landwirtschaft erzeugt werden, ernähren sich gesünder und verhalten sich nachhaltiger gegenüber ihrer Umwelt. Das ist es, was ich mit meiner Stiftung erreichen will!“

DER RIESLING UND SEIN KERN
Kandidat für das Siegerpodest unter den Weißweinen der Welt

Deutsche Riesling-Weine werden auch international häufig als beste Weißweine der Welt bezeichnet – Tenor: *Vielfältige und anregende Geschmackserlebnisse bei niedrigem Alkoholgehalt.* Dass Riesling als einzige Weinsorte der Welt in allen Geschmacksrichtungen von „Trocken“ über „Halbtrocken“, „Feinherb“ bis „Mild“ und „Edelsüß“ hervorragende Qualitäten bieten kann, ist seit langem bekannt. Dass er dank seinem Wertstoffgehalt darüber hinaus auch gesundheitlich bedeutsam ist, wird durch wissenschaftliche Erkenntnisse zum Thema „Alkohol und Gesundheit“ belegt. Die im Riesling enthaltenen Säuren und andere Wertstoffe sorgen dafür, dass die Oxidation durch zerstörerische Freie Radikale gehemmt wird und ein langsamer Prozess molekularer chemischer Wandlung stattfinden kann, mit dem reife Rieslinge mehr und mehr dem pH-Wert der Muttermilch nahekommen. Selbst nach zwanzig oder mehr Reife-Jahren schmecken sie gut und sind bekömmlich.

Die beste Milch macht's mit Käse und Co.
Sauermilch – Schichtkäse – Joghurt

Ob von der Kuh, vom Schaf oder der Ziege – auch bei der Milch gilt das Qualitätsprinzip, nach dem Erzeugnisse nur so gut sein können, wie ihr Ausgangsprodukt. Viel Bewegung an frischer Luft auf der Naturweide mit ihren Gräsern und Kräutern macht den Unterschied von *GUT* zu *MINDERWERTIG.*

Die US-Armee hat im „Zweiten Golfkrieg“ 1991 mehr Soldaten durch Krankheiten verloren als durch unmittelbare Einwirkung des Gegners. Mit dieser Erkenntnis vergab die Armeeführung Forschungsaufträge, um eine Abwehrstrategie gegen Krankheitskeime zu entwickeln, mit denen die Soldaten bei solchen Einsätzen konfrontiert werden können. Ein deutsches Forschungsinstitut sollte ermitteln, ob Milch bei der Vermeidung umwelt- und ernährungsbedingter Krankheiten helfen kann. – Ergebnis: Die beste Milch und die daraus erzeugten besten Produkte helfen am besten!

Die Forscher konnten sich unter anderem auf Erkenntnisse stützen, die Nobelpreisträger Dr. Ilja Metschnikow bereits im Jahre 1900 veröffentlicht hatte. Der russische Immunologie-Forscher beschäftigte sich damals am Louis-Pasteur-Institut, Paris, mit der Frage, warum Menschen in bestimmten Regionen der Balkanländer oder auf der Krim außergewöhnlich alt werden und sich dabei ihre Vitalität meist lange erhalten. Nach umfangreichen Forschungsarbeiten, bei denen er sich auch selbst als Testperson einbrachte, trat er mit einer verblüffenden Erkenntnis zu hoher Lebenserwartung an die Öffentlichkeit: Die bakterielle Aktivität der Sauermilch trägt zu einem langen, aktiven Leben bei.

In Studien und Anwendungsbeobachtungen erwies sich, dass Joghurt üblichen Arzneimittel-Anwendungen bei bestimmten Erkrankungen überlegen ist. So 1963 in New York, als 45 Kinder, die als Opfer einer Epidemie mit schwerem Durchfall in Krankenhäuser eingeliefert wurden, dreimal täglich 100 ml Magermilchjoghurt erhielten, während die Kinder einer Kontrollgruppe mit einem üblichen Medikament behandelt wurden. Die Kinder der „Joghurt-Gruppe“ genasen nach durchschnittlich 2,7 Tagen, die der Kontrollgruppe erst nach 4,8 Tagen.

Zu den Anwendungsbeobachtungen späterer Jahre gehörte ein Test der japanischen Armee: 1975 wurde mit jeweils 500 Soldaten untersucht, ob der tägliche Genuss von 200 ml spezieller Sauermilch des Typs „Yakult“ die Erkrankung an „Ruhr“

verhindern kann. Ergebnis: Keiner aus der Yakult-Gruppe erkrankte an Ruhr, aber 45 aus der Kontrollgruppe, in der kein Yakult getrunken wurde.

Checkliste ABSTIEG & LEID oder AUFSTIEG & WOHLERGEHEN

Konstruktiv handeln oder destruktiv mit eingeschliffenen schlechten Gewohnheiten im „alten Trott des *WEITER SO!*" verharren. Fragen zur Selbsterkenntnis der eigenen Position.

AUFSTIEG:
Mit der FORMEL *E. B. L.* habe ich Lebensqualität gewonnen!

Ja

» Ich genieße wertstoffreiche Lebensmittel aus meiner eigenen Heimat und verzichte auch auf Nahrungsergänzung. Ich aktiviere mein AGGS, indem ich es mit guter Ernährung trainiere. Auf dieser Grundlage habe ich mit den ergänzenden Vitalfaktoren gute Bewegung und Lebensführung meine stabile Gesundheit entwickelt. ○
» „Du wirst, was du isst" – Mit dieser uralten Erkenntnis, dass Fitness für den Körper auch Fitness für den Kopf ist, konnte ich Zufriedenheit und Zuversicht gewinnen. ○
» Ich trage so dazu bei, angeblich günstige globale Massenprodukte auch in Familie und Freundeskreis als minderwertig bis gesundheitlich gefährlich zu entlarven. So entfällt die Wegwerfquote, weil diese Produkte so gut schmecken, dass sie mit Genuss vollkommen verzehrt werden und durch den Reichtum ihrer Antioxidantien länger haltbar sind. ○

ABSTIEG:
Niemals richtig fit und zufrieden? – Mögliche Ursachen

	Ja	Nein
» Die eigene eingeschliffene schlechte Ernährungsgewohnheit?	○	○
» Die Bequemlichkeit, auf ausgetretenen Wegen weiterzumachen?	○	○
» Die ausgeprägte Lust auf Süßigkeiten?	○	○
» Der über viele Jahre gewohnte hohe Fleisch-Verzehr?	○	○
» Die Orientierung auf Billig-Nahrung und Fast Food?	○	○
» Der Spaß an der Schnäppchen-Jagd?	○	○
» Die Tatsache, dass ich niemanden habe, der für mich richtig gut kochen kann?	○	○
» Ich kenne keine wirklich guten Erzeuger von BIO-Lebensmitteln?	○	○
» Ich bin schon zu dick und träge, um noch eine Umkehr zu schaffen?	○	○
» Rundum Großstadt und Industrie – kaum Chancen auf naturnahe Lebensführung?	○	○
» Aus dem „Dschungel der Gesundheitstipps“ in der Presse konnte ich nichts lernen?	○	○

NACHWORT

Unser Leben kann wunderbar sein – aber ohne Gesundheit geht gar nichts

Mit dem Angela Merkel-Slogan „Wir schaffen das!" ergibt sich zwangsläufig die Frage „Wie schaffen wir das?" – Eine Nation, die etwas schaffen will, braucht Bürger, die schaffen können. Zum Schaffen braucht es stabile Kraft, und die gedeiht nur auf der Grundlage stabiler Gesundheit. Ohne gute Ernährung mit Kraft-Stoff-reichen unverfälschten Lebensmitteln gibt es keine stabile Gesundheit.

Die wichtigste Eigenschaft, um gesund und glücklich zu sein

Was verhilft wirklich zu Fitness und Vitalität, Leistungskraft und Lebensfreude bis ins hohe Alter – und was schadet dem Wohlbefinden, der Zufriedenheit und Zuversicht am meisten?

Fragen, die seit Jahrhunderten beantwortet sind. Unter anderem hat Sebastian Kneipp mit seinem Gesundheitskonzept bereits vor 200 Jahren gezeigt, wie man mit guter Ernährung, Bewegung und Lebensführung (FORMEL *E. B. L.*) gesund werden und gesund bleiben kann.

Dieser Weg zum Glück hat Voraussetzungen: Ignoranz und Verharren im alten Trott schlechter Gewohnheiten schadet am meisten. Aufgeschlossenheit und Lernbereitschaft für empirische und wissenschaftliche Erkenntnisse – der „Mut neuen Wegen" – hilft am meisten. – Zusammengefasst:

Medizin-Initiative: „Mensch vor Profit"

Wer etwas schaffen will, muss Fehlernährung vermeiden und mit den besten natürlichen Lebensmitteln den gesundheitlichen Aufstieg durch gute Ernährung schaffen. Damit verfügt man auch über die Voraussetzung für die ergänzenden Vitalfaktoren effizienter Bewegung und naturnaher Lebensführung. Nur auf dieser Grundlage kann man etwas schaffen – eine Erkenntnis, die sich offensichtlich auch bei vielen Ärztinnen und Ärzten durchgesetzt hat: Im Appell „MENSCH VOR PROFIT", der in den ersten Monaten 2020 bereits von mehr als tausend Medizinern unterzeichnet wurde, wird Information und Motivation zur gesundheitlichen Eigeninitiative der Patienten gefordert – zum Beispiel mit der Anregung „Gesundheit fängt mit guter Ernährung an."

Obama-Initiative: Gute Gesundheit durch hohe ORAC-Werte bester Lebensmittel

Das Wissen um die gesundheitliche Bedeutung guter Ernährung war auch entscheidend für die von Barack und Michelle Obama gestartete ORAC-Initiative (ORAC = **O**xygen **R**adical **A**bsorption **C**apacity – Kapazität gegen FREIE RADIKALE). Nachdem die ORAC-Bestenliste im Internet veröffentlicht wurde und ich die Obamas schriftlich auf das antioxidative Potenzial der in dieser Liste nicht erwähnten Weintraubenkerne hingewiesen hatte, empfahl mir eine Assistentin Michelle Obamas in einem Telefongespräch, den ORAC-Wert des von mir erzeugten Traubenkernmehls durch die *International Research Association for Free Radical Activities and Oxidative Stress* analysieren zu lassen.

Die Analyse bestätigte die kalifornische Berkeley-University, die in ihrem „Wellness Report" berichtet hatte, dass „Traubenkern-Pionier und Patent-Inhaber Winfrid Heinen" mit Traubenkernmehl das stärkste antioxidative Lebensmittel wohl bereits gefunden und in der Deutschen Klinik für Naturheilkunde und Präventivmedizin der Öffentlichkeit vorgestellt habe. – Die ORAC-Ermittlung wies für Traubenkernmehl einen Wert von 1.748,00 ORAC-Einheiten aus – mehr als das 200-Fache der Werte bekannter Vitaminträger wie Orangen (7,50 ORAC-Einheiten) oder rote Paprika (7,31).

Befreiung vom INNEREN TRÄGHEITS-VERFÜHRER: „DENKEN UND SAGEN, WAS SACHE IST“

„Denken und sagen, was Sache ist“ ist ein traditioneller Leitsatz der „Ruhris“ („Ruhrrevier-Bewohner“) für Ehrlichkeit und Geradlinigkeit, mit dem ich in der Ruhrgebiets-Metropole Essen aufgewachsen bin. Wenn Sie, liebe Leserin, lieber Leser, in der Checkliste „ABSTIEG“ des vorhergehenden Kapitels Fragen entsprechend diesem Leitsatz für Geradlinigkeit mit „Ja“ beantwortet haben, wünsche ich mit derselben Geradlinigkeit, dass dieses Manifest dazu beiträgt, Sie vom Diktat des INNEREN TRÄGHEITS-VERFÜHRERS (Umgangssprache: „Innerer Schweinehund“) und damit vom selbstzerstörerischen Weg der Fehlernährung zu befreien, um die Wende zum physischen und psychischen Aufstieg zu schaffen.

„Mens sana in corpore sano“ – dieser Leitspruch vermittelte den Römern schon vor zwei Jahrtausenden die Erkenntnis, dass sich ein „gesunder Geist“ („mens sana“) nur in einem gesunden Körper („corpore sano“) entwickeln kann. Dass mit körperlicher Gesundheit mentaler Gewinn verbunden ist, wird auch in unserer Zeit kommuniziert – z. B. mit der Erkenntnis einer Studie des Instituts für Neurowissenschaft der Deutschen Sporthochschule Köln: Ein gut genährter Körper kann bei regelmäßiger Bewegung auch Demenz verhindern und nach Erkrankung sogar aufhalten.

Ich wünsche Ihnen Gesundheit und Glück mit der Urkraft der Natur!

Bundespräsident Gustav Heinemann, ehemals Essener Oberbürgermeister, hatte mich als jungen Essener Journalisten und Freund seiner Kinder kurz nach seinem Amtsantritt 1969 in einem Gespräch angeregt, tagtäglich und in jedem Alter die Zukunft zu gestalten – nicht nur die eigene.

Als ich Jahrzehnte später die Lebensgeschichte des „Weltrekordtrainers“ Rudi Gutendorf geschrieben habe (Buchtitel: „Leben! Leisten! Siegen!“), wurde mir die Bedeutung guter Ernährung für sportliche, menschliche und berufliche Entwicklung durch rund 1.000 Dokumente, die Gutendorf in 55 Trainerjahren gesammelt hatte, eindringlich vor Augen geführt – unter anderem durch Presseberichte über die wohl größte Leistung in Gutendorfs Sportlerleben: die Versöhnung der Hutu und Tutsi in Ruanda. Er hatte Spieler dieser zuvor verfeindeten Volksstämme in der Fußball-Nationalmannschaft zusammengeführt und bei guter Ernährung mit intensivem Training zu einer Spitzenmannschaft Afrikas entwickelt, die in der Hauptstadt Kigali nicht nur überraschende Siege erzielte, sondern auch einen entscheidenden Beitrag zum inneren Frieden des Landes leistete. Pressebericht: „Mit 73 Jahren hat er das „Wunder von Kigali“ vollbracht.“ – 2014 wurde Gutendorf durch Frank-Walter Steinmeier, damals Außenminister, für diese Leistung mit einer Urkunde geehrt.

Bei der Buchvorstellung „Leben! Leisten! Siegen!“ auf Johann Lafers Stromburg ging Gutendorf im Rahmen einer Talkshow auf Erkenntnisse seiner mehr als 70 Fußballer-Jahre ein – Zitat: „Intensiv und mit Genuss leben ist unabdingbar für persönliches Wohlbefinden und anhaltende Zufriedenheit“. – Für mich eine weitere Anregung, den Erhalt von Vitalkraft bis ins hohe Alter in Zusammenarbeit mit Wissenschaftlern und in praktischen Studien zu untersuchen – siehe Kapitel „VITAL BIS 100 – GESUND & GLÜCKLICH MIT DER URKRAFT DER NATUR“.

Rudi Müller, Präsident der Handwerkskammer Trier und Teilnehmer meines Gesundheitsseminars 2014/2015 in der HWK, berichtete in der Talkshow mit Gutenberg, wie sich Gesundheit, Vitalität und Leistungskraft durch den Genuss der besten, naturbelassenen Lebensmittel – ergänzt durch gute Bewegung und Lebensführung – im Handwerker-Leben nachhaltig stabilisieren und steigern lassen.

Das Umwelt-Engagement der Jugend war damals noch nicht abzusehen. Die Erkenntnisse des Bundespräsidenten, des Fußballtrainers und des Kammerpräsidenten könnten wohl auch den jungen Fans der Freitags-Demos als Anregung zur Eigenverantwortung und Eigeninitiative dienen:

Die Erfolgsformel *E. B. L.* – Leitlinie zum Glücklichsein in allen Altersstufen: Die Erfolgsformel *E. B. L.* bietet allen Menschen eine gut zu realisierende Anleitung für hohe Lebensqualität: Dank wertreicher Lebensmittel mit der „Urkraft der Natur" wird nicht nur Vitalität und Fitness-Gewinn erzielt, sondern auch Fortschritt bei sozialer Sicherheit und Klimaverbesserung. – Diese Erfolge wünsche ich meinen Leserinnen und Lesern.

Jeder kann diesen Königsweg mit der Formel *E. B. L.* beschreiten und sich mit wachsender Lebensfreude schließlich beglückwünschen, in Eigeninitiative das persönliche Wohl verbessert – und sich von Corona und anderen körperlichen und mentalen Problemen nachhaltig befreit zu haben.

Wissenschaftszentrum Weihenstephan: Die wichtigste Wende in der Ernährungswissenschaft

» Beliebte Erklärungen für gesundheitliche Fehlentwicklungen wie „Unausweichliches Schicksal" oder „Da kann man nichts machen, das sind die Gene" werden mit diesem Durchbruch zu Vitalität und Fitness als Entschuldigungen für die Vernachlässigung konstruktiver Eigeninitiative entlarvt.
» Verbreitete Irrwege zu angeblichem Wohlbefinden durch Medikamente und „spezielle Produkte" werden auf Lebenszeit sicher vermieden.
» Bei einem Kongress im Wissenschaftszentrum Weihenstephan, zu dem ich eingeladen war, wurde unter anderem vermittelt, dass Genießen, Gesundheit und Lebensfreude

offenbar zusammengehören und, Zitat, „Ernährungswissenschaft wohl vor der wichtigsten Wende ihrer Geschichte steht". – Die *Frankfurter Allgemeine Zeitung* in einem zusammenfassenden Kommentar: „Heinen steht für die Symbiose von Genuss und Gesundheit."

In diesem Sinne richte ich auch den nachstehenden „AUF!-RUF!" an die Politik.

AUF!-RUF! an die Politik: Mut zu einem neuen und sicheren Weg mit stabil gesunden Bürgern in Deutschlands stabil gesunde Zukunft!

Deutschland wird von vielfältigen gesundheitlichen Problemen belastet, eine Entwicklung, die individuell bei den Bürgern, in der Wirtschaft und insgesamt für die Nation dramatische Folgen hat:

- ↓ Im August 2021 belegen statistische Auswertungen und Forschungsergebnisse, dass die zunehmende Zahl von Viren-Mutationen immer neue Krankheiten auslöst, die von der weltweiten Impfkampagne nicht nachhaltig verhindert werden.
- ↓ Immer mehr Menschen leiden unter Krankheiten, von denen Kinder besonders betroffen sind.
- ↓ Eine andere statistische Auswertung belegt, dass bei Erwachsenen Herz-Kreislauf-, Muskel-, Gelenk- und Rückenbeschwerden, Allergien, Bronchitis, Krebs und Demenz seit Jahren zunehmen.
- ↓ Steigende Krankenkassenbeiträge, Pflegenotstand und immer mehr Fehltage in Beruf und Sport gehören zu den unmittelbaren Folgen.

- ↓ Bildungsprobleme durch Fehltage bei Lehrenden und Lernenden wirken sich mit dem Rückgang von Produktivität und Wettbewerbsfähigkeit auch in der Wirtschaft negativ aus.
- ↓ Verkehrsbelastung mit Staus und Unfällen sorgt nicht nur für individuelle und staatliche Kosten, sondern auch für einen Rückgang der Lebensqualität. Das Gleiche gilt für die nicht verhinderte Umweltzerstörung, die Klimakrise und gefährliche Rückstände in ungesunden Lebensmitteln.
- ↓ Unzufriedenheit und Frustration führen zu psychischem Abstieg mit zunehmender Radikalisierung und Gewaltbereitschaft, die eine Spaltung der Gesellschaft und Gefährdung der Demokratie verursachen. Eine Entwicklung, die schon vor 100 Jahren zu furchtbaren Untaten geführt hat – z. B. zur Ermordung von Matthias Erzberger, der als Vizekanzler und Kämpfer für die deutsche Demokratie bei einem Urlaub mit Frau und Tochter am 26. August 1921 im Schwarzwald von rechtsradikalen Fanatikern erschossen wurde.

Vor solchen Gefahren hat Bundespräsident Frank-Walter Steinmeier schon vor vielen Jahren gewarnt: Angriffe auf Amtsträger seien „Angriffe auf das Wurzelwerk der Demokratie". Am 8. Mai 2020, dem 75. Jahrestag des Kriegsendes, hat auch Bundeskanzlerin Angela Merkel vor Hass und Radikalisierung gewarnt.

Viele tausend Maßnahmen, mit denen solche Probleme bisher bekämpft werden sollten, haben sich in den zurückliegenden Jahren als Flickschusterei ohne nachhaltige Besserung erwiesen. Folglich ist es an der Zeit, um auf die dringliche Frage vieler Menschen ***„Wie geht es weiter, wie kann es besser werden?"*** den Bürgern eine klare Antwort zu geben.

Um Belastungen zu überwinden, die humanen, sozialen, ökologischen und ökonomischen Abstieg auslösen, ist eine „fundamentale Erneuerung" notwendig, durch die nachhaltiger Nutzen für die Menschen und die Nation erzielt werden kann. – Welche? Die Antwort ist eindeutig belegt:

„MUT ZU NEUEN WEGEN“, „FUNDAMENTALE ERNEUERUNG“, „KEIN WEITER SO IM ALTEN TROTT“

Zunehmend treten Verantwortliche der Regierungen mit solchen und ähnlichen Appellen oder auch angeblich geplanten Initiativen für eine bessere Zukunft an die Öffentlichkeit. Wenn es bei solchen Aufrufen bleibt, tatsächlich aber keine Maßnahmen ergriffen werden, um physisch und psychisch stabile Gesundheit der Bevölkerung, Klimaschutz, sozialen und wirtschaftlichen Aufschwung zu erzielen, kommentieren Presse und enttäuschte Bürger unter anderem mit:

„Leeres Gerede – keine Taten“ oder „Konzeptionslos ohne Mut und Kraft“.

Eine Entwicklung, die durch die Corona-Pandemie noch dramatischer geworden ist:

Die Weltgesundheitsorganisation WHO hat Krankheitsauslöser weltweit untersucht – u. a. ist durch Zahlen belegt, dass in Deutschland etwa die Hälfte der Bevölkerung an Übergewicht und Bewegungsarmut und den darauffolgenden rund 80 Krankheiten leidet. Francesco Branca, Direktor des Ernährungsprogramm der WHO, fasste die Erkenntnisse in einem Satz zusammen: „Übergewicht ist der größte Risikofaktor für eine schwere Corona-Erkrankung.“

Der wachsende Anteil kranker Bürger belastet das Land genauso wie Umweltzerstörung und Klimakatastrophe, Hass, Hetze und Gewalt, Spaltung der Gesellschaft und Demokratie-Verlust. – Zahlreiche Krisen mit frustrierenden Belastungen, wobei die Fehlernährung als größte aller Krisen und „Übel an der Wurzel“ vieler Probleme meist übersehen und im Streit um die richtigen Problemlösungen nur am Rande erwähnt wird, obwohl sie durch Studienergebnisse eindeutig als Krisen-Auslöser erkennbar ist – nicht nur bei Corona.

Impfen oder eine bessere Alternative nutzen?

Erkenntnisse zu den Voraussetzungen für stabile Gesundheit wurden besonders bedeutsam, als die Corona-Statistik im Oktober 2020 auswies, dass die Zahl der Neuinfektionen durch Covid-19 einen neuen Höchststand erreicht hatte. Verärgerung und Ängste in der Bevölkerung nahmen erneut zu, als sich 2021 Corona-Mutationen ausbreiteten, die mit bisher genutzten Impfungen nicht erfolgreich bekämpft werden konnten. Die öffentlichen Schulden stiegen in der Corona-Krise laut Statistischem Bundesamt auf einen Höchststand von weit über zwei Billionen Euro – mit der Folge von geradezu panischen Forderungen nach einer Soforthilfe durch Impfstoffe. Die wurden mit dem Aufwand von vielen Milliarden Euro entwickelt und als perfekte Hilfe gegen Corona dargestellt.

Erkenntnisse in der Anwendung: Perfekt ist keines dieser Seren. Die Frage, ob es eine andere Möglichkeit gibt, die Corona-Pandemie und andere Infektionen zu verhindern, ist durch Forschung und Anwendungspraxis beantwortet: Eine naturnahe Lebensführung mit der FORMEL *E. B. L.* bietet den besten Schutz gegen Viren und andere Krankheiten – ohne Risiken und Nebenwirkungen. Ein Fortschritt, der mit alltäglichem Genuss verbunden ist, mit Fitness und Vitalität sowie, in der Kausalfolge guter Ernährung, auch mit Umweltschutz durch chemiefreien Anbau pflanzlicher Lebensmittel und deren kurze Transportwege mit geringer Luftverschmutzung.

Beispiele der Ergebnisse wissenschaftlicher Grundlagenforschung:

Dass gute ***E***rnährung, die mit den Vitalfaktoren effizienter ***B***ewegung und naturnaher ***L***ebensführung verbunden ist (FORMEL *E. B. L.*), mit dem Erstarken des körpereigenen Immunsystems und der natürlichen Selbstheilungskräfte nicht nur vor Viren und Bakterien schützt, sondern vor Krankheiten vieler Art, ist durch Forschungsergebnisse vielfach bewiesen – und dringend erforderlich:

Das Robert Koch-Institut veröffentlichte 2018 eine Untersuchung, durch die bei 15,4 % der Kinder und Teenager zwischen 3 und 17 Jahren gesundheitsgefährdendes Übergewicht festgestellt wurde. Dass durch Fehlernährung verursachte Krankheiten auch bei Krankenhausaufenthalten tödliche Folgen haben können, zeigt eine Auswertung des Aktionsbündnis Patientensicherheit: Jedes Jahr infizieren sich in Deutschland bis zu 600.000 Patienten durch „Krankenhauskeime", eine Infektion, die für bis zu 15.000 der Infizierten tödlich endet.

Ursprüngliche pflanzliche Lebensmittel schmecken gut und schützen am besten vor Viren- und Bakterien-Infektionen sowie vor vielen anderen Krankheiten.

↑ Die Deutsche Krebshilfe und das Deutsche Krebsforschungszentrum weisen darauf hin, dass sich etwa 40 % der Krebserkrankungen durch gute Ernährung vermeiden lassen.

↑ Eine japanische Studie mit Schulkindern belegt, dass – vor allem die schwächsten – Schüler durch gute Bewegung gesundheitlich mit Fortschritten der Gedächtnisleistung, mit mentaler Flexibilität und letztlich von besseren schulischen Leistungen profitieren. – Ideale Grundlage für effiziente Bewegung ist ein Leben nach der FORMEL *E. B. L.* mit dem Genuss bester pflanzlicher Lebensmittel.

↑ Medienberichte – umfassend z. B. in USA Today – machen darauf aufmerksam, dass Obst und Gemüse der globalen Massenware gegenüber den charakteristischen Aromen ursprünglicher Sorten geschmacklich regelrecht verkommen sind und Neuzüchtungen nur einen Bruchteil der Nährstoffe alter Sorten enthalten. Als Beispiel wird Brokkoli aufgeführt, das gegenüber früheren Analysen nur die Hälfte des Calciums und nur ein Fünftel an Vitamin A enthält, Wertstoffe, die in der Naturmedizin als „Anti-Aging-Mittel" und natürliche, krebsverhindernde Substanzen bekannt sind.

Wie in mehreren Kapiteln dieses Buches angeführt, gibt es zahlreiche Studien zu den Gefahren der Fehlernährung. Die Möglichkeit, Gesunden und Gesunderhaltung, Zufriedenheit und Leistungskraft in einem langen Leben mit hoher Lebensqualität durch gute Ernährung zu gewährleisten, erläutern die Kapitel in TEIL II mit Informationen über Gesundheitsgewinn und Glück durch die Realisierung des PROJEKT VITAL *E. B. L.* – Die Texte in TEIL III beschreiben ausgewählte wertstoffreiche pflanzliche Lebensmittel aus der Heimat mit ihren unmittelbar wirksamen Impulsen für Fitness und Vitalität, Glücksmomente und Zufriedenheit.

Unverantwortliche Ignoranz und Borniertheit oder FUNDAMENTALE ERNEUERUNG

Begütigende Stellungnahmen, in denen gelegentlich auch der „Wohlstand Deutschlands" hervorgehoben wird, können nicht darüber hinwegtäuschen, dass eine zunehmend bedrohliche Kausalkette der Folgen von Fehlernährung Deutschlands Zukunft gefährdet.

Der Rückgang des Krankenstandes in Deutschland von nur 10 % kann eine Kostenersparnis von vielen Milliarden Euro pro Jahr ergeben. Berechnungsgrundlage sind Krankheitskosten und Krankheits-Folgekosten inklusive Frühverrentung und Pflegeaufwand, Rückgang von Fehltagen und Fehlerquote in Unternehmen und Behörden (höhere Produktivität gesunder Arbeitnehmer) sowie u. a. eine Entlastung des Straßenverkehrs (weniger Fahrbahnverschleiß, Unfälle und Staus).

Das gefährlich wuchernde Übel der Fehlernährung zu überwinden, ist ein sicherer Weg, um Fitness, Zufriedenheit und soziale Sicherheit der Bürger zu entwickeln. Ein Beitrag, um auch Ökonomie-, Ökologie-, Radikalismus- und Demokratie-Probleme zu lösen.

Voraussetzung ist, dass die verbreitete Verbraucher-Maxime „Hauptsache billig und bequem!" bei Lebensmittelkauf und -verzehr in ein „Hauptsache gut und wertreich!" gewandelt wird. Diese Wende gilt auch für Problemfelder, die als

Kausalfolgen der Fehlernährung bisher wenig beachtet wurden – zum Beispiel: Das gemeinnützig tätige Beratungs- und Forschungsinstitut Adelphi hat für den *Umweltatlas Lieferketten* errechnet, dass über 90 % der Treibhausgase in der weltweiten Lieferkette des Einzelhandels entstehen. Ein großer Teil dieser Umweltbelastung kann vermieden werden, wenn in der Landwirtschaft statt der Subvention wertarmer Massenware der Agrarindustrie (eingeschlossen Tierquälerei in Turbomast) Erzeugung und Verbrauch wertreicher pflanzlicher Lebensmittel aus der Region mit ihren kurzen Transportwegen gefördert werden.

Peer Steinbrück und Hannelore Kraft, beide SPD und früher Ministerpräsident/in von NRW, haben sich in Interviews zu diesem Themenkreis geäußert. Hannelore Kraft: „Gute Politiker sind jene, die die Größe haben, ihre Fehler zu erkennen und sie zu korrigieren." – Peer Steinbrück:

„Gesundheitsaufklärung muss in den Schulen anfangen und wir brauchen Anreize für Erwachsene."

Heiner Geißler, 1930–2017 Minister in NRW und später CDU-Generalsekretär, war für sein ethisches Engagement anerkannt. Ein Zitat: „Wer ein Amt hat, muss höhere Maßstäbe an sich legen, muss Vorbild sein, vor allem für junge Menschen, wenn die Demokratie Bestand haben soll."

Julia Klöckner, Bundesministerin für Ernährung: „Gutes Essen ist das, was dem Körper guttut. Und das heißt auch hier: Was Hänschen nicht lernt, lernt Hans nimmermehr." Bundesgesundheitsminister Jens Spahn im März 2021: „Wir befinden uns in der dritten Welle der Pandemie, die Zahlen steigen, der Anteil der Mutationen ist groß. Zur ehrlichen Lageanalyse gehört: Es gibt in Europa noch nicht genügend Impfstoff, um die dritte Welle allein durch Impfen zu stoppen." – Wie ohnehin durch Forschungsergebnisse belegt, sind Virus-Infektionen allein durch Impfen nicht sicher zu stoppen. Mit dieser Erkenntnis und den aufgeführten Zitaten sowie der

Absichtserklärung im Koalitionsvertrag der „GroKo" (nachstehend) ist die Leitlinie für „Handeln mit dem Mut zu neuen Wegen" vorgegeben.

Auszug aus dem Koalitionsvertrag der 2018 von CDU/CSU und SPD gebildeten Bundesregierung mit der Einleitung „Wir wollen einen gesundheitserhaltenden und nachhaltigen Lebensstil fördern, ernährungsbedingte Krankheiten bekämpfen und den gesundheitlichen Verbraucherschutz stärken."

Ein wichtiger Plan für eine gesunde und gute Zukunft, denn das „WEITER SO" im Stückwerk wenig erfolgreicher Gegenmaßnahmen bei der Bekämpfung dramatisch zunehmender Symptome von Problembelastungen durch Krankheitsfolgen ist unverantwortliche Ignoranz und Borniertheit. Verantwortliche Politikerinnen und Politiker sind deshalb aufgerufen, mit dem, auch in der Politik geforderten, „MUT ZU NEUEN WEGEN" die, ebenfalls verlangte, „FUNDAMENTALE ERNEUERUNG" mit dem unabdingbar notwendigen Gesundheitsgewinn durch die bewährte FORMEL *E. B. L.* zu realisieren. Angesichts des wachsenden Trends zu besserer Ernährung mit hochwertigen Lebensmitteln aus der Heimat kann diese Initiative erfolgreich verwirklicht werden. – Bei Umfragen zum Ernährungsreport der Bundesregierung 2018 hatten bereits 85 % der befragten Frauen erklärt, dass sie gute Produkte aus der eigenen Region bevorzugen wollen.

Dieser Trend ist eine Chance, Voraussetzungen für die Entwicklung eines intakten Immunsystems zu schaffen, das unter anderem einen stabilen Schutz gegen Corona-Viren bietet. Eine im Oktober 2020 in vielen Medien veröffentlichte große Anzeige des Gesundheitsministeriums belegt dagegen das – auch von vielen Politikerinnen und Politikern abgelehnte – „WEITER SO IM ALTEN TROTTT":

Als Corona-Sicherheit wird unter der Überschrift „Was jetzt hilft" in Schlagzeilen gefordert:

„Abstand halten" – „Hände waschen" – „Maske tragen" – „Regelmäßig lüften" – „Kontakte reduzieren" – „App benutzen". – Kein Hinweis auf das, was tatsächlich nachhaltig gegen Viren hilft: Das natürliche, durch gute Ernährung gestärkte, Immunsystem.

Contergan-Skandal – Corona-Krise und die Problemlösung

Mit dunklen Kapiteln der Medizingeschichte wie dem Contergan-Skandal begann weltweit eine wachsende Verunsicherung der Bevölkerung. Als diese Pharma-Katastrophe 1961 und 1962 aufgedeckt wurde, hatte die bedenkenlose Einnahme des Schlaf- und Beruhigungsmittels „Contergan" schon zu Totgeburten und vieltausendfachen Fehlbildungen bei Neugeborenen geführt. Eine nachfolgende Pharma-Studie der US-Regierung bestätigte die Problematik von Medikamenten: 80 % der untersuchten Arzneimittel wurden als wirkungslos oder gefährlich eingestuft. Offenbar sind solche Erkenntnisse während der Corona-Pandemie weitgehend ignoriert worden.

Regierende sollten den bewährten Weg zur Lösung vieler Probleme gehen, indem sie Kausalketten von den Folgen der Belastungen zu ihren Ursachen durchdenken. Am Ende solch kluger Deduktion zum „Übel an der Wurzel" steht die Erkenntnis, dass Deutschland durch bessere Ernährung zur gesundesten, vitalsten und erfolgreichsten Nation werden kann:

Mit Gesundheit und Leistungskraft durch ein Leben nach der FORMEL *E. B. L.* sind vitale, zufriedene Bürger vor Frustration, Hass und Gewaltbereitschaft gefeit – und vor wirtschaftlichen Problemen: Zufriedenheit und Leistung der Mitarbeiter stärken Produktivität und Wettbewerbsposition der Unternehmen. – Fazit der Ergotherapeutin Prof. Kirsty Meyer bei einem deutsch-luxemburgischen Erfahrungsaustausch: „Lange fit zu sein und arbeiten zu können, bedeutet für den Arbeitgeber mehr Motivation und Leistung und weniger Kosten, für den Arbeitnehmer weniger Belastung, weniger Risiken, ein Mehr an Lebensqualität und Zufriedenheit und damit Leistung."

Auf schlechte Ernährung folgt der Verlust von Lebensfreude und Selbstwertgefühl

Wie vorher schon Volkmarsen, Bottrop und Münster musste Trier Anfang Dezember 2020 eine furchtbare Amokfahrt mit Toten und Verletzten erleiden. In mehreren Kapiteln dieses Buches wie „bad news – Das *ÜBEL AN DER WURZEL* vieler schlimmer Nachrichten in den Medien“ werden auch andere Verbrechen erläutert, unter denen Bürger und das Land leiden. Durch psychologische Analyse ist bei fast allen Untaten festzustellen, dass die Täter nach Verlust des Selbstwertgefühls mentale Stabilität, Zufriedenheit, Zuversicht und konstruktive Tatkraft verlieren – Ursache für die Gefahr anhaltender Verdrossenheit und Ausgrenzung mit den häufigen Folgen von Wut, Hass auf die „anderen“ und Gewaltbereitschaft. Das „Übel an der Wurzel“ ist bei weiterer Rückverfolgung kausaler Ursachen zu entdecken – die verbreitete Fehlernährung:

Dauernder Verzehr geringwertiger und gefährlicher Lebensmittel macht krank. Mit dem gesundheitlichen Abstieg ist ein zunehmend bedrückender Zustand anhaltender Mattigkeit, Unzufriedenheit und Lustlosigkeit verbunden, der das Selbstwertgefühl ebenso schwinden lässt, wie den Glauben an eine gute Zukunft. Der Absturz in die „Ich-Ich-Ich-Sucht“ ist damit vorprogrammiert, eine psychische Katastrophe, die zu Gewalttaten führen kann.

Die nachfolgende Darstellung erläutert die Kausalketten des Abstiegs in Erkrankungen mit ihren unmittelbaren Folgen und den Folgen der Folgen sowie den Aufstieg zu stabiler Gesundheit, der sich mit der Summe individueller physischer und psychischer Stabilität der Bürger für die GESUNDE ZUKUNFT Deutschlands ergibt. Die Wähler erwarten, dass die gewählten Volksvertreter solche Erkenntnisse mit Klugheit, Umsicht und Weitsicht mutig in Taten umsetzen. Dies ist der Weg.

Fehlernährung/Mangelernährung und die negativen Folgen

Die Kausalkette des anhaltenden gesundheitlichen Abstiegs

↓ **Verzehr minderwertiger und gefährlicher Nahrungsmittel**

↓ Das Archaische Geruchs- und Geschmackssystem (AGGS) ist gestört – Gesundheitssignale fehlen.

↓ Design Food, Fast Food, manipulierte Neuzüchtungen » Das AGGS wird ausgetrickst.

↓ Wertstoff-Mangel » Defizit an Antioxidantien zur Neutralisierung der Freien Radikalen.

↓ Chemische Zusätze » Zusätzliche Freie Radikale (FR) » Das Defizit an Antioxidantien wächst.

↓ Intakte Körperzellen werden durch FR zerstört » Der Stoffwechsel ist gestört.

↓ Hohe Anfälligkeit für Infektionen » Allergien schränken die Lebensqualität ein.

↓ Häufige Arztbesuche » Medikamente » Risiken, Neben- und Folgewirkungen.

↓ Schlecht heilende Verletzungen und Krankheiten » Krankenhausaufenthalte

↓ Mattigkeit führt zu wachsender Bequemlichkeit » Stubenhockerei und Gewichtszunahme

↓ Anerkennung und Zuwendung fehlen » Alltag und Beruf werden als Belastung empfunden.

↓ Das Selbstwertgefühl verkümmert » Gefahr der Verdrossenheit und Ausgrenzung.

↓ Psychische Probleme » Flucht in die Online-Scheinwelt und Drogenabhängigkeit.

↓ Unterstützung für radikale Populisten » Grundwerte werden missachtet.

↓ „Wutbürgertum“ entlädt sich in Hass, Hetze und Gewalt u. a. mit Amok- und Terror-Morden.
↓ Permanentes destruktives „Dagegen-Sein“ » Wachsender Radikalismus
↓ Spaltung der Gesellschaft » Die Demokratie verkommt.

Mit der BESTEN-AUSLESE DER NATUR beginnt eine Kausalkette anhaltenden gesundheitlichen Aufstiegs

↑ Stabile Gesundheit » Fitness » Vitalität »» Lebensfreude bis ins hohe Alter »»» Glück
↑ Erfolg im Beruf » Qualifikation »» Gutes Einkommen »»» Soziale Sicherheit
↑ Das eigene Wohlergehen » Fortschritt für die Heimat »» EVERY DAY FOR FUTURE
↑ Nutzen für die Umwelt: geringerer CO2-Ausstoß, weniger Lärmbelästigung und Verkehrsinfarkt durch kürzere Transportwege » Kostenbelastung bei maroden Straßen und Brücken.
↑ Gute Lebensmittel genießen » Verringern der Wegwerfquote wertarmer Produkte
↑ Eindämmen von Tierquälerei » Keine Antibiotika in Turbomast-Erzeugnissen
↑ Wohlbefinden und Zuversicht » Harmonie im privaten Umfeld
↑ Miteinander genießen » Lust und Laune »» Wiederbeleben der Gemeinschaft/Familie
↑ Lebensmittelqualität » Impulse für die individuelle Werteordnung: Gut oder Schlecht
↑ Leistungskraft aus natürlichen Kraft-Stoffen » Freude an Herausforderungen
↑ Gesundes Selbstwertgefühl » Mentale Stabilität »» Zufriedenheit und Zuversicht
↑ Vitalität und Lebensfreude » Glückshormone stoppen Stress, steigern Wohlempfinden
↑ Lust und Laune bei effizienter Bewegung » Wandern » Gymnastik » Sport

- ↑ Starke Muskeln und Faszien » Ausreichende Fettverbrennung »» Idealgewicht
- ↑ Immunsystem und Selbstheilungskräfte » Gestärkt erfüllen sie ihre Aufgaben
- ↑ Der Stoffwechsel funktioniert » Impulse für lebensnotwendige Körperfunktionen
- ↑ Antioxidantien schützen die Zellmembran » Intakte Körperzellen bleiben gesund
- ↑ Geschmack und Geruch » Das „AGGS" („Archaisches Geschmacks- und Geruchs-System") ist aktiv und seine Signale werden befolgt.

- ↑ **Gute Ernährung mit natürlich wertreichen, rückstandsfreien Lebensmitteln aus der Heimat – Genuss der „BESTEN-AUSLESE DER NATUR"**

„Rücktitel-Text" für das
HUMAN SOZIALE MANIFEST

Rücktitel
Human-soziales MANIFEST GUTE ZUKUNFT –
Gesund und glücklich bis ins hohe Alter

Das *Übel an der Wurzel* –
Ursache bedrückender Probleme

Nach der EU-Gesundheitskonferenz 2020 in Brüssel haben 2021 rund 200 teilnehmende Nationen bei der Weltklimakonferenz in Glasgow eine erschreckende Erkenntnis gewonnen: Wenn keine nachhaltig wirksamen Maßnahmen ergriffen werden, ist ein lebenswertes Leben auf unserem Erdball in einigen Jahrzehnten nicht mehr möglich. Viele Wissenschaftler/innen und Politiker/innen plädieren dafür, mit dem geforderten **„Mut zu einem neuen Weg"**, die wachsenden Probleme im Gesundheits- und Umwelt-Bereich – frei von erfolgloser „Flickschusterei" – endlich zu bewältigen. Die entscheidende Frage für den Weg in eine gute Zukunft ist also: Gibt es diesen NEUEN WEG?

Eine kluge Antwort kann nur auf dokumentierten Erfolgen beruhen – und die sind durch Studienergebnisse mit der klassischen FORMEL *E. B. L.* weltweit bestätigt: gute ***E***rnährung, effiziente ***B***ewegung und natürliche ***L***ebensführung. Dies ist der Weg, und alle Verantwortlichen sind dazu aufgerufen, den Mut zu haben, diesen neuen Weg zu gehen, dessen Nutzen mit dokumentierten wissenschaftlichen und praktischen Erkenntnissen hinreichend belegt ist. Der Weg in eine gute Zukunft kann auch individuell beschritten werden. Dieses Buch vermittelt Anregung und das notwendige Wissen dazu.

Wie geht es weiter? – Wie kann es besser werden?

Auf diese, in Zeiten der Corona-Krise häufig gestellten, Fragen gibt das Buch eine klare und überzeugende Antwort: Winfrid Heinen hat es auf der Grundlage von dokumentierten gesundheitlichen Erfolgen geschrieben, die er in drei Studien seines **PROJEKT VITAL *E. B. L.*** – gute ***E***rnährung, ***B***ewegung und ***L***ebensführung – gewonnen hat. Viele Teilnehmer hatten dabei besonderen Grund zur Freude, weil die Verbesserung ihres Gesundheitszustandes mit dem Gewinn an Fitness und Vitalität schon nach wenigen Monaten deutlich wurde.

Die kalifornische Berkeley-Universität berichtete in ihrem „Wellness Report" unter dem Titel „Antioxidising Champions – Champions of food", dass selbst chronische Krankheiten durch den Genuss wertvoller Lebensmittel überwunden werden – und Winfrid Heinen in Deutschland den „wahrscheinlich stärksten Champion" bereits gefunden und vorgestellt habe – Original-Zitat übersetzt: „Traubenkernmehl mit dem höchsten antioxidativen Potenzial."

Heinen hatte in seiner Traubenkernmühle an der Mosel zunächst kalt gepresstes Traubenkernöl und dann, aus dem Presskuchen der Kerne, Traubenkernmehl erzeugt. Er wurde dafür mit Patenten in 34 Ländern belohnt. Nach Anregung durch eine Mitarbeiterin von Barack und Michelle Obama analysierte ein

US-Spezialunternehmen dieses Mehl und stellte fest, dass es den höchsten Antioxidantien-Wert aller Grundnahrungsmittel hat – und damit den stärksten Zellschutz gegen zellzerstörende Freie Radikale, die mehr Krankheiten verursachen, als Viren und Bakterien.

GESUND UND GLÜCKLICH MIT DER URKRAFT DER NATUR

Traubenkernöl und Traubenkernmehl konnten deshalb zum Erfolg des PROJEKT VITAL beitragen, das in Wissenschaft und Praxis Grundlage des MANIFEST GUTE ZUKUNFT ist. Leitgedanke: „Gesund und glücklich mit der Urkraft der Natur“: Das MANIFEST bietet Anleitung zu einer Eigeninitiative, die Fitness und Vitalität bis ins hohe Alter mit Genuss und Lebensfreude erzielt.

Der Autor

Winfrid Heinen, 1940 in Essen geboren, begann nach einer Anstellung als Fabrikarbeiter als Journalist zu arbeiten. Als Autor und Verleger machte er sich mit diversen Veröffentlichungen einen Namen, u. a. mit der Lebensgeschichte des Weltfußballers Rudi Gutendorf. Seine Entdeckung des Traubenkernöls und -mehls und die Gründung seines Unternehmens VITIS AG ermöglichten Heinen, einen wichtigen Beitrag zur wertreichen Ernährung und v. a. zum Erfolg des PROJEKT VITAL zu leisten, das in Wissenschaft und Praxis Grundlage des MANIFEST GUTE ZUKUNFT ist. Daraus entstanden auch diverse Publikationen und Bücher zu den Themen Wein und Gesundheit. In seiner Freizeit liebt der Autor Waldspaziergänge mit seinem Hund, Tennis und Tanzen sowie Amateurboxen und Karate. Winfrid Heinen ist verheiratet und lebt im Westen Deutschlands.